Karlshorst

Christine Steer

KARLSHORST

Nobler Vorort und Schauplatz der Geschichte

berlin edition im
be.bra verlag

Bibliografische Information der Deutschen Nationalbibliothek
Die Deutsche Nationalbibliothek verzeichnet diese Publikation in der Deutschen Nationalbibliografie; detaillierte bibliografische Daten sind im Internet über http://dnb.d-nb.de abrufbar.

KulturBrauerei Haus 2
Schönhauser Allee 37, 10435 Berlin
post@bebraverlag.de
Lektorat: Katrin Endres, Berlin
Umschlag: Ansichtssache, Berlin
Satz: typegerecht, Berlin
Schrift: Documenta 10/13 pt
Druck und Bindung: Finidr, Český Těšín
ISBN 978-3-8148-0235-0

www.bebraverlag.de

INHALT

VORWORT 7

GANZ AM ANFANG 9
Carlshorst in Karlshorst 9
Die Gründung der Wohnkolonie 12

DER STADTRAUM – GESCHICHTE UND ARCHITEKTUR 19
Prinzenviertel, Seenviertel, Rödelviertel 19
Am Blockdammweg 30
Die Waldsiedlung 32
Heimatviertel, Wagnerviertel, Sagenviertel 36
Rheinisches Viertel 49

ABSTECHER UND ENTDECKUNGEN 62
An der Treskowallee 62
Sehen und gesehen werden – die Trabrennbahn 78
Zum Friedhof und durch den Friedhof 86
Das St. Antonius-Krankenhaus 92

DER DUNKLE SCHATTEN DER GESCHICHTE – KARLSHORST 1933 98

KRIEG UND FRIEDEN 104
Von Luftschiffen und Flugplätzen 104
Die Pionierschule der Wehrmacht 109
Wo der Zweite Weltkrieg endete 114
Vom »Kapitulationsmuseum« zum »Deutsch-Russischen Museum« 116

SOWJETISCHES »MILITÄRSTÄDTCHEN« 119
Sieger, Befreier und Besatzer 119
Hinter dem grünen Zaun – Sperrgebiete 123
»Parallelgesellschaften« 128

KARLSHORST ANONYM –
SOWJETISCHE UND DDR-GEHEIMDIENSTE 133

LITERARISCHES –
PROMINENTE UND UNBEKANNTE AUTOREN 138

ANHANG 150
Anmerkungen 150
Quellenverzeichnis 154
Personenregister 157
Abbildungsnachweis 159

ÜBER DIE AUTORIN 160

VORWORT

Für mich als Autorin ist es eine besondere Freude, den Lesern Eindrücke von der Attraktivität Karlshorsts vermitteln zu dürfen. Was unterscheidet diesen Ortsteil von anderen in Berlin? In diesem Buch können Sie es erfahren, doch empfehle ich jedem, sich auch selbst vor Ort umzusehen, um die Lektüre zu ergänzen. Ein Spaziergang lohnt sich hier allemal.

Als eine vielversprechende Adresse ist Karlshorst aber nicht unbekannt. Ob alleine oder mit Familie, immer schon wurde in dem mit Gärten, Parks und Waldgebieten stark durchgrünten Stadtraum gern gewohnt. 1895 gegründet und 1920 zusammen mit dem Bezirk Lichtenberg nach Berlin eingemeindet, wird die mit Landhäusern, Villen und herrschaftlichen Mietshäusern erblühte Wohnkolonie oftmals mit dem Ortsteil Dahlem im Südwesten Berlins verglichen. Nach dem Fall der Mauer 1989 konnte viel von ihrem ursprünglichen Charme zurückgewonnen werden. Nur der Nahverkehr mit S-Bahnanschluss und die Treskowallee entsprechen der Beweglichkeit der Hauptstadt und weniger der Beschaulichkeit.

Karlshorst lebt mit seiner Geschichte und hat Geschichte geschrieben. Für sich allein steht schon die Unterzeichnung der bedingungslosen Kapitulation im Zweiten Weltkrieg durch die deutsche Wehrmacht im jetzigen Deutsch-Russischen Museum.

Im Nationalsozialismus und für Jahrzehnte nach 1945 war Karlshorst ein begehrtes Ziel politischer Interessen, auch von Geheimdiensten. Darauf verweisen und daran erinnern nicht nur Stolpersteine, Gedenktafeln und allerhand Gebäude, darunter der Komplex der ehemaligen NS-Pionierheeresschule und ein Hochbunker oder das ehemalige »Haus der sowjetischen Offiziere« aus der Zeit als »sowjetisches Städtchen« und Militärstandort.

Der vorliegende kompakte Überblick zeichnet die wichtigsten Ereignisse seit dem Bestehen von Karlshorst nach und folgt in den einzelnen Wohnvierteln den Spuren dieser Entwicklung. Das schöne Stadtbild mit seiner maßgeblich in der Zeit der Ortsgründung und durch das 20. Jahrhundert bestimmten baulichen Prägung, mit der berühmten Pferderennbahn, die ungebrochen seit 1894 eine Rolle spielt, den Kirchen, dem Deutsch-Russischen Museum, den Fachhochschulen und vielem mehr, fügt sich wie ein anregendes Puzzle zusammen. In gleichem Maße treffen auch Literatur, Kunst und Architektur aufeinander. Namhafte Baumeister, Architekten, Literaten, Künstler und Politiker von damals und heute haben Teil an dieser Ausstrahlung. Daneben künden Neubauten, Gerüste an Gebäuden und der Ausbau der Treskowallee von Umgestaltungen, auf die man gleichfalls neugierig sein darf.

GANZ AM ANFANG

Carlshorst in Karlshorst

Im Jahr 2015 beging Karlshorst seine 120-jährige Gründungsfeier. Anders als viele Stadtteile Berlins, über die sich eine erste urkundliche Erwähnung bereits im Landbuch Karls IV. von 1375 finden lässt, gehört Karlshorst zu den Villenvororten Berlins, die erst am Ende des 19. Jahrhunderts heranwuchsen. Die Genehmigung für den Gründungsantrag durch einen »Kolonie-Konsens« erteilte am 25. Mai 1895 Wilhelm von Waldow (1856–1937), seinerzeit Landrat des Kreises Niederbarnim. Mit dem Antrag hatten die Geldgeber der Kolonie die Heimstätten AG und den Baumeister Oskar Gregorovius beauftragt. In Folge bahnte sich ein regelrechter Bauboom an, der seinen Weg quer durch die Natur, durch Wald- und Heidelandschaft, Feuchtgebiete und Sanddünen mit Namen wie »Bauernheide«, »Stallwiesen«, »Zicken-Wiesen«, »Fuchsberge« und »Krähenberge« nahm.

Die Ursprungsbezeichnung der neuen Siedlung lautete »Carlshorst«. Um der Bedeutung des Namens nachzuspüren, begibt man sich möglichst in die Mitte der Waldowallee – etwa Nummer 83–86 – und versetzt sich gedanklich in die bäuerliche Vergangenheit. Als die frühere Feldmark noch nicht entwickelt war, verlief hier lediglich ein Weg »von Friedrichsfelde nach Cöpenick«. Das territoriale Interesse beginnt im 19. Jahrhundert erst mit der Anlage eines kleinen Vorwerks, von dem sich heute keine Reste mehr finden lassen. Die Erschließung der Gegend hatte somit zu Beginn vor allem land- und forstwirtschaftlichen Charakter. Johann Carl Sigismund von Treskow (1787–1846) diente das Vorwerk zur »besseren Ausnutzung der Hüte-, Holz und Weidegerechtigkeit«[1], also der Bewirtschaftung seines Friedrichsfelder Gutes. Wie einem schriftlichen Hinweis von 1825[2] entnommen werden kann, war er auch der regierungsamtlich registrierte Namenspatron der Domäne. »Horst« bezeichnet hingegen die Flurform eines Gehölz- oder Waldreviers.

Die von Treskows residierten seit 1816 im nahe gelegenen Schloss Friedrichsfelde, ein durch Markgraf Albrecht Friedrich von Brandenburg-Schwedt 1719 umgebautes Lusthaus, das seine wechselnden Be-

Vorwerk Karlshorst, um 1911

sitzer oft nach dem Zeitgeschmack umgestalten ließen. Den letzten Schlossherrn, Sigismund von Treskow (1864–1945), vertrieb man 1945 bei Kriegsende von seinem Besitz und enteignete ihn später. Der 81-Jährige verstarb vor Gram und schwer erkrankt, bestattet wurde er in der familiären Erbbegräbnisstätte im Schlosspark. In der Zuständigkeit der DDR büßten weder der 1821 von Lenné gestaltete Park, noch das Schloss, das grundlegend restauriert wurde, ihre Attraktivität ein. Die repräsentativen Sehenswürdigkeiten zählen auch heute zu den denkmalgeschützten Kulturgütern des Landes Berlin. Nach 1945 zogen in das teilweise kriegsbeschädigte Schloss Soldaten der Roten Armee ein, anschließend Lothar Berfelde, der später als Charlotte von Mahlsdorf (1928–2002), Gründerin und langjährige Leiterin des Gründerzeitmuseums Mahlsdorf, bekannt wurde. Im Zuge des »Nationalen Aufbauwerks« eröffnete 1955 auf dem Anwesen der bis heute bestehende Tierpark Friedrichsfelde. Die in den Park eingebettete große Anlage mit Tropenhaus, Affenfelsen und Dickhäuterhaus beherbergt auf 160 Hektar viel Sehenswertes. In Nähe der Eisbärenanlage findet man auch den Gräberplatz derer von Treskow.

Waldowallee, 1911

Wie bei Ortsbezeichnungen häufig, ist bei dem Vorwerksnamen »Carlshorst« eine weitere Auslegung, jedoch mit ungesicherter Quellenlage, möglich. Dem Volksmund nach bezog er sich auf nichts anderes als auf den Ausruf »Kieck mal, da kommt der Carl aus dem Horst!«. Dabei soll es sich, im wahrsten Sinne des Wortes, um einen alten Invaliden namens Carl, der regelmäßig im Vorwerkswald sein Brennholz und Reisig sammelte, gehandelt haben.

Gegen 1850 umfasste das Vorwerk mehrere Wirtschaftshöfe, doch seine Tage waren gezählt. Mit der »Niederschlesisch-Märkischen-Eisenbahn« (die spätere Schlesische Eisenbahn) von Berlin nach Frankfurt durchschnitt seit 1843 ein Schienenstrang die Region. Ausgangspunkt war der heutige Ostbahnhof, damals der Frankfurter Bahnhof, der zeitweise Schlesischer Bahnhof und zu DDR-Zeiten Hauptbahnhof hieß.[3] Auf dieser Strecke rollte etwa ab 1872 auch der Vorortverkehr Berlins nach Köpenick und Erkner, das Vorwerk wurde aber mit keinem eigenen Haltepunkt bedacht.

Speziell für Besucher von Pferderennen hielten in der Waldowallee aber Sonderzüge aus Berlin, denn Karlshorst schrieb schon in den

1850er Jahren Turf-Geschichte. Unweit vom Vorwerk wurden nördlich und südlich der Eisenbahngleise Jagdrennen ausgetragen. Etwa sechseinhalb Kilometer mussten Ross und Reiter bewältigen. Mit dem am 24. Juni 1862 ersten großen Preußischen Armee-Jagdrennen um den Ehrenpreis des Königs verband sich dann eine lange Tradition. 17 Pferde gingen an den Start, zahlreiches Publikum säumte die Strecke. Der König persönlich überreichte dem Sieger, Rittmeister von Alvensleben, der den braunen Wallach »Cocktail« ritt, einen Ehrenpreis. Ein Miterlebender berichtete nachher: »Die zu durchreitende Linie bildete fast ein Parallel-Trapez mit abgerundeten Ecken, in dessen Mitte sich die Tribüne befand. Die zunehmenden Hindernisse, 26 an der Zahl, waren an sich selbst nicht so schwierig, als sie es dadurch wurden, daß sie nämlich auf zum Teil recht tief aufgeweichtem Sturzacker, Wiesen oder Weideland gesprungen werden mußten.«[4] Schon im Folgejahr wurde am 18. Juni ein weiteres Rennen gemeldet. Auch diesmal nahm der König teil. Nach einzelnen Rennen nunmehr im »Birkenrevier« (heute: Gelände der Trabrennbahn), war das letzte 1867 anberaumt. Danach geriet der Schauplatz Karlshorst wieder ins Abseits, erlangte erst 1893 durch die Rennbahn des »Vereins für Hindernisrennen« in der Wuhlheide erneut Prestige. Aber das ist eine andere, spätere Geschichte.

Die Gründung der Wohnkolonie

Um die Geschichte von »Carlshorst« oder »Karlshorst« besser begreifen zu können, muss man sich die wuchernde Metropole Berlin am Ende des 19. Jahrhunderts als eine Folge der raschen Industrialisierung vor Augen führen. Die dichte Bebauung zeugte von dem außerordentlichen Wachstum der Bevölkerung. Insgesamt bot die Stadt ein zweischneidiges Bild. Einerseits beeindruckte sie durch erstaunlich fortschrittliche Entwicklungen auf vielen Gebieten, andererseits gab es ungeheure soziale Probleme mit Kriminalität, Massenarmut und Wohnungselend. In ähnlichem Umfang reihten sich wie nirgendwo sonst in Deutschland im Osten und Norden der Stadt heruntergekommene Arbeiterviertel mit bedrückenden Mietskasernen und stickigen Hinterhöfen.

Während weitblickende Gesellschaftskreise anfingen, sich Gedanken über soziale Verantwortung und menschenwürdigen Wohnungsbau zu machen, begann sich ebenso der Trend vom gesunden Wohnen in grüner Umgebung und unbelasteter Luft durchzusetzen, der »Landhaus-Gedanke«, der von England ausging. Das ungestüm wachsende Berlin mit seinem begrenzten Siedlungsraum war dabei in besonderem Maße abhängig vom Umland. Wegen der bestehenden Bahnverbindungen entstanden zunächst aber Siedlungen in Lichterfelde, Lankwitz, Westend und Friedenau, in denen sich mittlere und obere Bevölkerungsschichten niederließen.

1895 war das Geburtsjahr der Kolonie Carlshorst, ab 1901 Karlshorst.[5] Die Idee oder auch der gute Wille bestand darin, statt Mietskasernen kostengünstige Häuser vor allem für die kleinen Leute, Arbeiter, Beamte und Senioren, zu bauen. Eine weitere Absicht der Gründung war auch die Besänftigung der Öffentlichkeit, nachdem 1891 der Prozess gegen das Ehepaar Heinze vor dem Landgericht Berlin heftigste Reaktionen ausgelöst hatte. Das Ehepaar war wegen Mordes an einem vermögenden Hausbesitzer, oder, in einer anderen überlieferten Version, an einer Prostituierten angeklagt. Die Heinzes führten damals an, das Verbrechen begangen zu haben, um auf das Wohnungselend aufmerksam zu machen. Angeheizt wurde der spektakuläre Fall durch Medienberichte, die Details über die erschreckende soziale und moralische Verelendung der unteren sozialen Schichten enthüllten und dabei die Berliner Wohnungsnot anprangerten.

Da es de facto noch keinen sozialen Wohnbau gab, taten sich aus sozialreformerischen Erwägungen private Unternehmer und Investoren zusammen. Soziale Wohnverhältnisse in Karlshorst zu schaffen, machten zunächst philanthropisch gesinnte Kreise des Hochadels bis hin zum Kaiserhaus zu ihrer Sache. Ihnen gehörten an: Gräfin Dorothea und Fürst Karl Egon zu Fürstenberg, die Grafen August von Dönhoff-Friedrichstein, Otto Dönhoff-Krafftshagen und Heinrich von Lehndorff-Preil, ebenso der Jurist und danach in Sachsen-Coburg-Gotha Staatsminister Otto von Hentig, der Unternehmer und Kommerzienrat Max Krause, aber auch Mitglieder des Vereins für Hindernisrennen. Sie verhalfen Karlshorst zur Gründung, Baulandbeschaffung und zum raschen Aufstieg. Viele der Namen stehen auf einem Teil der Karlshorster Straßenschilder, andere verweisen auf ihre Heimat und Abstammung wie Wildenstein, Heiligenberg, Stühlingen und Gundelfingen.

Doch ohne Baugesellschaften wie der gemeinnützigen Bauvereinigung »Eigenhaus«, der »Heimstätten AG« (beide im Prinzenviertel),

Blick von der Hentig- in die Dorotheastraße, 1915

der »Bodengesellschaft GmbH« (Heimatviertel) und der »Terraingesellschaft Karlshorst« (Rheinisches Viertel) hätten auch Geldgeber und Förderer nicht handeln können. Gleichfalls hatten die Fürsten zu Fürstenberg 1895 den 27-jährigen Heinrich Straeter für eine umsichtige Bebauung von Karlshorst zu ihrem Geschäftsführer berufen. Er wohnte zunächst in der Hentig-, Ecke Dorotheastraße, anschließend bis Anfang der zwanziger Jahre als Eigentümer in der Riastraße 5b. Es handelte sich um den späteren Schwiegervater von Johannes und Großvater von Joachim Fest. Neben diesen Genannten verdankt Karlshorst der Tüchtigkeit des Baumeisters Oskar Gregorovius (1845–1913) die ersten Bauten und den ersten Parzellierungs- und Straßenplan. Nach den damals üblichen Gepflogenheiten traten die aristokratischen Auftraggeber nicht mit eigenem Namen auf. Als ihr Treuhänder wurde Gregorovius mit wichtigen Aufgaben betraut, verhandelte mit Behörden und erstritt als Friedrichsfelder Gemeindevertreter günstige Vorraussetzungen für eine Infrastruktur und Verkehrsanbindung. Und er hatte sich um Finanzierungen, um die erforderlichen Baugeldhypotheken zu kümmern, was aussichtslos war, denn die Geldinstitute zeigten sich bei der Bebauung von Gebieten im Osten Berlins wenig kreditbereit. Lediglich der 1875 gegründete Credit-Verein zu Cöpenick, die spätere Köpenicker Bank, verfügte mit solchen Unternehmen über langjährige Erfahrungen und erklärte seine Bereitwilligkeit. Erst um das Jahr 1900, als das Prinzenviertel fast fertig war, stiegen weitere Berliner Kassen ein. Die Köpenicker Bank, die den Ausbau von Karlshorst nicht nur in der Gründungsphase unterstützte und begleitete, eröffnete 1911 gleich neben dem Karlshorster Bahnhof in der Treskowallee 98 (heute die Nummer 109) eine Geschäftsstelle. Nach 1945 blieben die Schalter geschlossen; im Westteil der Stadt fusionierte sie 1973 mit der Raiffeisenbank Berlin zur Raiffeisen-Köpenicker Bank e. G. Im Sommer 1994 erfolgte die Rückbenennung in Köpenicker Bank e. G., da war sie nach dem Mauerfall schon an den alten Standort in Karlshorst zurückgekehrt.[6] Heute befindet sich dort ein Kundenzentrum der HOWOGE Wohnungsbaugesellschaft mbH.

Oskar Gregorovius, dessen Vertrag nach der ersten Karlshorster Bauphase 1904 auslief, wandte sich anschließend neuen Vorhaben zu, beispielsweise der Gründung der Kolonie Hubertushöhe bei Storkow. Den Wohnsitz in der eigenen Karlshorster Villa in der heutigen Ehrlichstraße 12/12a (damals Auguste-Viktoria-Straße 3/Wildensteiner Straße 18) behielt er bei. Bedingt durch ihre Kriegszerstörung, stehen hier nun Wohnhäuser aus den fünfziger Jahren. Im Vorgarten erinnert an den Baumeister eine Tafel auf einem gemauerten Ziegelsockel (Achim Kühn, 1998), der hier mit dem Vornamen »Oscar« verzeichnet ist, wie er in seiner Geburtsurkunde und im Taufregister steht. Gregorovius' Grabstätte liegt auf dem Friedhof Karlshorst in der Robert-Siewert-Straße. 1934 wurde in der Nähe des Friedhofs der Gregoroviusweg benannt.

Für die Erschließung von Karlshorst wurde Gregorovius im Herbst 1893 mit dem Erwerb von etwa 60 Hektar Bauland beiderseits der Bahnstrecke und des neuen Haltepunkts »Carlshorst« beauftragt. 1894 stiftete das Kaiserpaar die ersten drei Häuser der Kolonie in der Kaiser-Wilhelm-Straße 1 bis 3, ab 1934 umbenannt in Lehndorffstraße Nummer 2, 4 und 6. Sie wurden allesamt im Dezember 1943 bei einem Luftangriff weggebombt. Demnächst werden dort moderne Wohnhäuser stehen. Wer jene Ersthäuser zunächst bewohnte, darüber kursieren verschiedene Versionen: Der einen nach waren es Bedienstete des Kaiserhauses, mietfrei bis zu ihrem Tod, eine andere Quelle spricht von drei bedürftigen Familien aus Friedrichsfelde.

»Kaiserhäuser«, Kaiser Wilhelm-Straße, heute Lehndorffstraße, um 1911

Warum die Häuser auf Veranlassung Wilhelm II. errichtet wurden, hatte einen taktischen Grund. Durch den bereits erwähnten Heinze-Prozess war auch er unter Druck geraten und hatte in einer öffentlichen Erklärung Verbesserungen der Wohnverhältnisse zugesagt. Karlshorst war für ihn eine naheliegende Gelegenheit, seinen Worten rasch Taten folgen zu lassen.

Damit die Stelle der Ortsgründung nicht in Vergessenheit gerät, steht seit 2005 auf dem Platz vor den »Urhäusern« ein neuer Gedenkstein unter der alten Linde. Das 1913 aus Anlass des 25-jährigen Jubiläums der Thronbesteigung von Wilhelm II. eingeweihte Original, ein Findling aus Muschelkalkstein aus der Nähe von Chorin, gilt als verschollen. Folgende Inschrift war darauf zu lesen:

> Seiner Majestät des Kaisers und Königs
> Kundgebung im Reichsanzeiger
> vom 27. Oktober 1891, betreffend
> die Schaffung von Eigenhäusern,
> folgte die Stiftung von 3 solchen

Gründungs-Gedenkstein heute, Lehndorff-, Ecke Wandlitzstraße, 2018

Häusern durch Kaiser und Kaiserin.
Diese drei in der Kaiser-
Wilhelm-Straße gelegenen Häuser
bezeichnen den Ausgangspunkt
der Kolonie Karlshorst.

Graf August Dönhoff-Friedrichstein
Otto von Hentig
Max Krause

Angesichts des Denkmals gelobten damals die anwesenden Herren erneut, »in die Wohnungszustände der ärmeren Klassen bessernd eingreifen« zu wollen.

Dem ersten Bebauungsplan entsprechen auch die Putzbauten in der Lehndorffstraße 3, 7, 8 und 10, die sich gleich Anfang 1895 an die kaiserlich vergebenen Häuser anschlossen und die vermutlich Gregorovius ausgeführt hatte. Diese in leicht veränderter Gestalt erhaltenen ersten Siedlungshäuser der Kolonie stehen als Baudenkmale unter Schutz.

Ermöglicht wurden sie als Stiftung durch die Fürstin von Fürstenberg, den Grafen August Dönhoff-Friedrichstein und die Familie Schramm. Der eingeschossige Haustyp ist identisch mit einem Modellhaus für »unbemittelte Veteranen«, das damals nahe dem Reichstag vorgestellt wurde: zwei Zimmer und Küche, ausgebautes Dachgeschoss mit Fachwerk, Giebel zur Straße. Bei der Lehndorffstraße Nummer 3 handelt es sich um ein Mehrfamilienhaus, das direkt dem halboffenen Platz mit dem Gedenkstein zugewandt ist. Auf der Platzseite gegenüber lagen die kriegszerstörten Kaiserhäuser.

DER STADTRAUM – GESCHICHTE UND ARCHITEKTUR

Prinzenviertel, Seenviertel, Rödelviertel

Aus dem »Kümmernest« oder der »öden Sandheide«, die Heinrich Straeter noch bei seiner Ankunft mit gerade acht Häusern oder eigentlich nur Höfen vorfand[7], wuchs schon bald ein fertiger Ort. Lebten hier 1895 erst 72 Menschen, waren es 1898 über 1130 und 1900 schon an die 2600.[8] Verwaltet wurde die Kolonie von der Gemeinde Friedrichsfelde, auch das Steueraufkommen floss dorthin. Vergeblich bemühten sich die Karlshorster Grundeigentümer 1898 um die Anerkennung als eigenständige Landgemeinde, heraus kam jedoch nur eine Namensgebung in Landgemeinde Friedrichsfelde-Karlshorst. 1920 endete der langjährige Streit dann ohne einen Sieg von einer der beiden Seiten: Mit der großen Verwaltungsreform Berlins gingen beide in den eingemeindeten Bezirk Lichtenberg als Ortsteile auf.

Inzwischen war die großherzige Idee des sozialen Kleinhausbaus, mit welcher Karlshorst seinen Anfang nahm, aus ökonomischen Gründen längst wieder verworfen. In der Kaiser-Wilhelm-Straße, der Prinz-Eitel-Straße (seit 1951: Üderseestraße) und der Stühlinger Straße waren noch kleinere Häuser vorgesehen, auch in der Marksburgstraße wurden zwei davon gebaut. Doch Karlshorst entwickelte sich schnell zu einem bekannten Vorort, der wegen seiner landschaftlichen Lage und der geringen Entfernung vom Berliner Stadtzentrum auf wohlhabende Kreise Anziehungskraft ausübte. Unversehens begann der Bau von noblen Landhäusern mit Erkern, Säulen und Vorgärten für betuchte Besitzer. Bei dem vorgelegten Bautempo war die Grundstücksbebauung kurz nach der Jahrhundertwende fast abgeschlossen. Der Begriff »Prinzenviertel« ist auch heute noch gebräuchlich. Er hängt mit der ersten Straßenbenennung nach Mitgliedern der kaiserlichen Familie zusammen, die Namen der Hohenzollernprinzen Adalbert, August Wilhelm, Eitel Fritz (Friedrich), Friedrich Wilhelm, Joachim und Oskar trugen.

Bei der Umbenennungswelle 1951 in Ost-Berlin erhielten die meisten aber Bezeichnungen von märkischen Seen. So wurde daraus das »Seenviertel«, das umgangssprachlich aber nicht mehr üblich ist.

Auguste-Viktoria-Straße, heute Ehrlichstraße, 1904

Wer sich auf die Suche begibt, der gelangt über die Ehrlichstraße hinweg zwischen Liepnitz- und Trautenauer Straße in den kleinen Seepark. Obgleich nicht überliefert, dürfte seine Nähe auch ausschlaggebend bei der Findung von Straßennamen wie Grimnitz, Müritz, Stechlin oder Üdersee gewesen sein. Früher befand sich im Park, wie der Name nahelegt, ein See, der aus der Rohrlake angestaut war, die zwischen Wuhlheide und der Spree verlief und häufig für Überschwemmungen gesorgt hatte. Im Winter tummelten sich Alt und Jung auf dem Eis beim Schlittschuhlaufen. Auf einer Insel im See nistete ein Schwanenpaar, auch der Park war stimmungsvoll mit Gehölzen, Rosenbeeten, Springbrunnen und Wandelgängen angelegt. Von dieser Romantik gibt es seit dem Zweiten Weltkrieg und der Nachkriegszeit keine Überreste. Der See trocknete allmählich aus und wurde Anfang der fünfziger Jahre endgültig zugeschüttet.

Südlich des Seeparks liegen zwischen Trautenauer- und Sadowastraße wenige Straßen, deren Namen von einigen der Geldgeber und ersten Parzellanten in Karlshorst, Rödel, Schenke und Günther, herrühren. »Rödelviertel« ist als Begriff nur noch wenigen bekannt.

Seepark mit Blick auf die Rödelstraße, 1911

Auf ehemaligem Pfarracker wurden die Baustellen zu billigen Preisen unter günstigen Bedingungen angeboten.[9] Die Erschließung um 1900 und in den dreißiger Jahren erwies sich durch den recht sumpfigen Untergrund als schwierig. Das teils wie ein Wohnhaus wirkende Wasserpumpwerk in der Sadowastraße, 1908 in Betrieb genommen, sollte die Schwankungen ausgleichen. In der Güntherstraße 4 wohnte bis zu seinem Tod 1909 Julius Beaurepaire.[10] Die Gegend wurde früher auch als »Rote Ecke« bezeichnet, wegen der Kommunisten und Sozialdemokraten, die hier wohnten.[11]

Die Trautenauer Straße verläuft fast wie eine schnurgerade Linie am Seepark vorbei. In der Nummer 6 lebte vom Frühjahr 1924 bis zum Herbst 1932 der spätere Parteivorsitzende der SPD und Präsident der sozialistischen Internationale, Erich Ollenhauer (1901–1963), mit seiner Familie. Ollenhauer war zum Jahreswechsel 1920/21 von Magdeburg nach Berlin gezogen, um als hauptamtlicher Sekretär des neuen »Verbandes der Arbeiterjugendvereine Deutschlands« und Redakteur in der SPD-Parteizentrale zu arbeiten. Die neue Dreizimmerwohnung in Karlshorst hatte er dank eines Baukostenzuschusses der Partei sogar kaufen können, zu dessen Tilgung monatlich einhundert Reichsmark von seinem Gehalt einbehalten wurden.

Für die Ollenhauers waren die Karlshorster Jahre – 1928 wurde hier der zweite Sohn Hermann geboren – eine glückliche Zeit, trotz der Auseinandersetzungen mit dem aufkommenden Nationalsozialismus, die bald Ollenhauers politische Arbeit beherrschten. Ende 1932, ein Jahr vor ihrer Emigration, zog die Familie nach Zehlendorf.

Nach diesem kleinen Einblick in die Historie ist am Ende der Straße die Ehrlichstraße in Richtung Treskowallee wieder das Ziel. Als sie seinerzeit noch Auguste-Viktoria-Straße hieß, wurde 1910 auf dem Grundstück Nummer 35 (heute: Ehrlichstraße 63) die zweite Gemeindeschule von Karlshorst eröffnet, vielen Karlshorstern nach 1945 als 30. Grund- beziehungsweise Oberschule bekannt, die 1981 nach dem russischen Dichter Michail Lomonossow benannt wurde. Nach dem Mauerfall bis zur Schließung in den neunziger Jahren führte sie den Namen »Schule am Seepark«. Auf dem Gelände zog in einen früheren Schulerweiterungsbau 2003 die staatlich anerkannte Kreativitäts-Grundschule Karlshorst ein.

Auf der anderen Seite in der Auguste-Viktoria-Straße 25 (heute: Ehrlichstraße 56) erwarb im Jahre 1907 der Ingenieur Robert Stahb ein 1901 von der Heimstätten AG erbautes Gebäude. Damit stand dem Umzug seiner 1891 in Cottbus gegründeten »Müllerschule Stahb« nichts mehr im Wege. In Karlshorst richtete er die Müller- und Mühlenbauschule »Stahb´s Technische Lehranstalt« ein, die im Gegensatz zu anderen deutschen Schulen dieser Art sehr klein war. Sie verfügte im Erdgeschoss über zwei Schulräume und ein Büro. Die Wohnung des Direktors befand sich im Obergeschoss. Die Klassen umfassten jeweils 12 bis 20 Schüler. In der Fachwelt konnte sich die Einrichtung nur kurze Zeit und nur auf lokaler Ebene behaupten. Bereits 1936 bestand die Schule nicht mehr. Robert Stahb starb um 1943. Das Haus vererbte er seinem Enkel. Zeitweise besetzte nach 1945 die Rote Armee das Gebäude, wie viele andere Häuser in Karlshorst auch.

Auf dem Weg entlang der Ehrlichstraße sollten hier und da auch Abstecher in die Seitenstraßen eingeplant und dabei beispielsweise die architektonisch nahezu gleich anmutenden Villen in der Liepnitzstraße 16 und Müritzstraße 18 betrachtet werden. 1899 respektive 1900 erbaut, wirken sie durch einen abgewalmten Giebel mit Ornament-Halbrundfester und durch ihre übereck liegenden Erker wie Typen-

Schule Auguste-Viktoria-Straße, heute Ehrlichstraße, 1914

bauten. In der Stechlinstraße 2, damals Prinz-August-Straße, ist am Giebel des zweigeschossigen Hauses noch die Jahreszahl 1898 ablesbar. Es handelt sich um die frühere Villa »Knorr« des Ingenieurs und Unternehmers Georg Knorr (1859–1911), zu der auch das Nachbargrundstück gehörte. Beide zusammen wurden 1935 von seiner Tochter verkauft. Knorr hatte 1893 den hoch verschuldeten Betrieb für Druckluft-Eisenbahnbremsen Carpenter & Schulze, in dem er als Ingenieur an der Entwicklung von Eisenbahn-Luftdruckbremsen gearbeitet hatte, gekauft und durch Bremstechnologien für Schiene und Straße zu einem renommierten Unternehmen entwickelt. Die nach ihm benannten Produktionsstätten Knorr-Bremse-AG wuchsen seit 1903 in der Neuen Bahnhofstraße in Boxhagen-Rummelsburg wie von selbst empor. Die Geschichte der Eisenbahn kann so auch als eine Geschichte der Bremskonstruktionen von Georg Knorr erzählt werden – von der Zweikammerdruckluft-Bremse zur Einkammerschnellbremse. Knorr liegt auf dem Friedhof in Karlshorst bestattet.

Älteren Karlshorstern mag das bürgerliche und national-konservative Karlshorst der zwanziger und dreißiger Jahre noch etwas sagen, in denen aber auch Kommunisten ihre Anhänger hatten. Einer von ihnen, Ernst Torgler (1893–1963), wohnte von 1921 bis 1937 in der heutigen Liepnitzstraße 46, damals die Prinz-Adalbert-Straße. Vor dem Haus erinnert eine 60 × 60 cm große Edelstahltafel an ihn. Der Fraktionsvorsitzende der KPD im Deutschen Reichstag wurde 1933 als einer der Hauptangeklagten im Reichstagsbrandprozess bekannt, der »mangels Beweisen« freigesprochen werden musste, danach jedoch über zwei Jahre in »Schutzhaft« blieb. Die KPD begründete 1935 seinen Ausschluss aus der Partei damit, dass Torgler sich freiwillig der NS-Justiz gestellt und einem Nazi-Verteidiger zugestimmt habe. Von Anfang 1941 bis zum Ende des Krieges ließ sich Torgler für die »Haupttreuhandstelle Ost«, eine NS-Behörde mit Hauptsitz Berlin, als Beauftragter für das Flüchtlingswesen in Bückeburg einspannen. Nach dem Krieg bemühte er sich vergebens um politische Wiederaufnahme, trat dann 1949 in die SPD ein und arbeitete als Angestellter der Gewerkschaft ÖTV in Hannover.

Bei den Wohnhäusern in der Üderseestraße geht es wieder um architektonisch Beachtenswertes. Die nach 1910 gebaute Villa in der Nummer 11/13 ist eine der repräsentativsten im historischen Prinzenviertel. Zwei Straßenzüge weiter wurde 2001 an einer gemauerten Garteneinfriedung am Eingang zu einem Villengrundstück in der Stühlinger Straße 15 eine Bronzetafel für Joachim Lipschitz (1918–1961) angebracht. Als sogenannter Mischling wegen seines jüdischen Vaters vom NS-Regime diffamiert, war er vielfach Diskriminierungen ausgeliefert. 1942 erlitt er an der Front schwere Verwundungen, bekam eine Armamputation und wurde aus der Wehrmacht entlassen. Verfolgt wegen seiner Unterstützung von aus »rassischen Gründen« Hilfsbedürftigen, fand er bei seiner Flucht vor der Gestapo 1944 bei der Unternehmerfamilie Otto Krüger in der Stühlinger Straße Unterschlupf im Keller. In dem Haus lebte er bis 1948. Lipschitz war 1946 Beobachter des Nürnberger Prozesses und für die SPD Bezirksverordneter, dann bis 1948 Stadtrat in Berlin-Lichtenberg. Er gehörte zu den Gegnern der Vereinigung von SPD und KPD. Bei dem Versuch, die SPD in Karlshorst als selbständige Partei zu reorganisieren, entging er seiner Verhaftung nur durch Flucht nach West-Berlin. In Abwesenheit verurteilte ihn ein sowjetisches Militärgericht zu 25 Jahren Zwangsarbeit. Lipschitz wurde in Neukölln Bezirksrat und stellvertretender Bürgermeister und 1955 Senator für Inneres in West-Berlin. Er starb 43-jährig an einem Herzinfarkt.

Üderseestraße 11/13, 2018

Nach diesen kurzen Abstechern in die Seitenstraßen wieder in der Ehrlichstraße angekommen, fällt bei der Nummer 31, Ecke Lehndorffstraße, eine Baustelle auf. Hier musste gerade ein DDR-Flachbau, die ehemalige Kaufhalle, weichen, die nach der Wende als Netto-Markt lange der Schließung trotzte. Auf der großen Fläche wächst seit 2017 eine ganze Neubauzeile, geplant für eine Kombination aus Wohnungen und Geschäften. Nichts entspricht also mehr dem originalen Haus in der ehemaligen Auguste-Viktoria-Straße 47, das der Krieg zerstörte. Ein Jahrzehnt lang wohnten hier 1921 bis 1931 in einer AEG-eigenen Villa Georg und Lisbeth Stern, die Schwester von Käthe Kollwitz. Georg Stern (1867–1934) war als Direktor der AEG-Transformatorenfabrik Oberschöneweide und als Physiker erfolgreich. Seine »Einheits-Transformatoren« setzten sich in der deutschen Elektrotechnik durch und wurden bald im großen Stil serienmäßig hergestellt. 1930 schied er aus der AEG aus und widmete sich im Ruhestand fortan der Musik. Seine Kompositionen gelangten in Berlin, Königsberg und Dresden zur Aufführung. Lisbeth Stern (1870–1963) betätigte sich schriftstellerisch. Georg Stern wurde im Kollwitz-Familiengrab in der Künstlerabteilung des Berliner Zentralfriedhofs Friedrichsfelde bestattet. Wegen der damals geteilten Stadt liegt die Grabstelle von Liesbeth Stern auf dem Heidefriedhof Mariendorf. In der neuen Gartenstadt am Bahnhof Karlshorst wurden sie und andere Familienangehörige durch Straßenbenennungen geehrt.

Die ersten Spuren der ortsspezifischen Historie in der Lehndorffstraße wurden schon herausgestellt. Die sich weit hinziehende Straße führt von der Ehrlichstraße aus zur einen Seite bis zur Wandlitzstraße und zur anderen Seite noch bis über den Traberweg. Die Strecke Richtung Traberweg, die an der oben erwähnten Baustelle vorbeiführt, läuft auf die Nummer 29 zu. Als dieses Haus 1917 von Simon Salzmann (geboren 1863) und seiner Frau Jenny (geboren 1870) für ihre große Familie gekauft wurde, lief es noch unter der Adresse Kaiser-Wilhelm-Straße 16 und war unter der Bezeichnung »Villa Jenny« bekannt. Die Familie lebte von ihrer Kranzschleifenfirma, die in ganz Deutschland Gärtnereien belieferte. Zu ihrem Unglück ließen sie sich nach Beginn der NS-Herrschaft 1933 nicht von der Notwendigkeit einer Emigration überzeugen. Tochter Edith wanderte 1936 mit ihrem Mann Walther Rosenthal und Tochter Beate nach Palästina aus. Bei einem Besuch in Karlshorst zum 75. Geburtstag von Simon Salzmann sahen sie sich zum letzten Mal. Im Zuge der sogenannten »Arisierung« mussten die Eltern 1931 gezwungenermaßen die Firma und ein Jahr danach das Haus verkaufen. Sie zogen in eine kleine Wohnung im Bezirk Tiergarten und entschlossen sich dann aus Krankheitsgründen für das jüdische Altersheim in der Iranischen Straße. Eines Tages erreichte die Rosenthals in Palästina eine Karte über das Rote Kreuz. »Wir müssen demnächst verreisen«, der einzige Satz, der darin geschrieben stand, ließ die schlimmsten Ahnungen aufkommen, die sich nach dem Krieg bestätigen sollten. Simon und Jenny Salzmann gelten als verschollen. 1942 gehörten sie zu den Tausenden Berliner Juden, die nach Theresienstadt und Treblinka deportiert wurden. Ihre Spuren verlieren sich in Minsk. Die Villa in Karlshorst verkaufte die Familie nach der Rückübertragung im Jahr 1991.[12] Vergessen ist das Schicksal von Jenny und Simon Salzmann aber nicht. Eine Bürgerinitiative sorgte dafür, dass an sie im Gehweg vor dem Haus zwei eingelassene Stolpersteine jeweils von der Größe eines Pflastersteins erinnern, wie auch einen Straßenzug weiter in der Heiligenberger Straße 5. Dort wurde 1943 mit der Deportation des Kaufmanns Alfred Cohn, seiner Frau Rosette und der zu diesem Zeitpunkt 17-jährigen Tochter Gerda nach Auschwitz eine ganze Familie ausgelöscht.

In der Lehndorffstraße 91, fast am Ende des Straßenzuges, wohnte der bekannte Schauspieler Peter Borgelt, der besonders durch das Fernsehen zum Publikumsliebling avancierte. Mit über hundert Einsätzen als »Hauptmann Peter Fuchs« aus der Fernsehserie Polizeiruf 110 schrieb er ein Stück Fernsehgeschichte. Auch wenn man ihn in Kinofilmen sah, war seine künstlerische Heimat das Theater. Von 1967 bis zu seinem Tod 1994 spielte er am »Deutschen Theater«. 1985 wurde er zum UNICEF-Botschafter der DDR ernannt. Er starb mit nur 66 Jahren an einem Krebsleiden. Beigesetzt wurde er in der Grabstelle seiner Mutter auf dem Karlshorster Friedhof.

Geht man den Weg zurück und über die Ehrlichstraße hinweg, kommt man in der Lehndorffstraße 11–15 am Lothar-Kreyssig-Haus der evangelischen Gemeinde vorbei, ein renoviertes, geradezu modernes Haus. Beim Lesen des auffälligen Namenszuges mag sich mancher an die »Aktion Sühnezeichen« erinnern, deren Gründung aus den Bestrebungen Kreyssigs um eine Aussöhnung mit Israel nach 1945 resultierte. Lothar Kreyssig (1898–1986) war evangelischer Christ und ein Jurist mit Zivilcourage. Als einziger deutscher Richter wandte er sich in Nazi-Deutschland gegen die Euthanasiemorde und erstattete deswegen Anzeige. Dies führte zu seiner Zwangsbeurlaubung und Zwangspensionierung aus dem Amt. Anschließend widmete er sich zunehmend der kirchlichen Arbeit.

Max Wertheimer (1880–1943) wohnte mit seiner Familie in der zweiten Hälfte der zwanziger Jahre daneben in der Nummer 9, seinerzeit noch die Kaiser-Wilhelm-Straße 22. Der Philosoph und Psychologe gilt durch seine Forschung und Lehre an verschiedenen Universitäten als Hauptbegründer der Gestaltpsychologie. Er gehörte zum engen Freundeskreis der Familie Stern und Kollwitz, die ebenfalls in Karlshorst lebten (auf sie wird in der Ehrlichstraße 31 verwiesen, wo Werthheim offenbar auch zeitweise wohnte). 1929 erhielt er seine Berufung an die Universität Frankfurt. Noch bevor das Gesetz zur Wiederherstellung des Berufsbeamtentums den jüdischen Professor vertrieb, ging er 1933 mit seiner Familie in die Emigration nach Amerika. »In einem Land«, so sagte Wertheimer, »in dem sich ein Mann wie Hitler um das höchste Staatsamt mit Aussicht auf Erfolg bewerben kann«, wolle er seine Kinder nicht aufwachsen lassen.

Die Ehrlichstraße teilt etwas weiter auch die Wildensteiner Straße. Zur einen Seite hin zählt in der Wildensteiner Straße 20 die Villa aus dem Jahr 1899 wieder zu den architektonisch auffälligen Häusern. Auch die Nummer 24, eine typische Karlshorster Villa der Jahrhundertwende mit malerischem Fachwerk und kontrastierendem Ziegelmauerwerk, ist ein aufwendiger Bau. Hier griff der Heimatstil in der Architektur auf das Bauhandwerk und traditionelle Formen zurück. Die beiden unverwechselbaren Häuser sind als Baudenkmale eingestuft.

Wer noch dem Straßenverlauf durch Überquerung der Ehrlichstraße folgen möchte, kommt bei dem Eckhaus Ehrlichstraße 12/12a an dem Standort des einstigen Wohnhauses von Oskar Gregorovius vorbei. Die früher »Röschen« genannte Villa verdient es, auch noch aus anderen Gründen hervorgehoben zu werden, da hier durch Gregorovius 1897 erstmals in Karlshorst eine Postagentur mit Telegraphenbetrieb eingerichtet wurde. Bis dahin hatte Friedrichsfelde die Post ausgeliefert, was für den Postboten eine große Plackerei war: Im Sommer musste er die Pakete in einem Kinderwagen ausliefern, im Winter wurde der Wagen ohne Räder einfach auf einen Schlitten geschnallt.[13] Man kann die Besonderheit des Hauses auch als die Geschichte Max Klantes beschreiben: Dieser, 1883 in Breslau geboren, wohnte hier ab 1920 für zwei Jahre und ging als betrügerischer »Wettkönig« in die Annalen von Karlshorst und von Berlin ein. Nachdem er sich in unterschiedlichen Geschäften vergeblich versucht hatte, konnte er durch märchenhafte Gewinnversprechungen auf der Rennbahn Karlshorst hohe Gewinne einstreichen. »Max Klante wird die Armen groß machen«, versprach der Volksbeglücker bei Gründung seines dubiosen Wettbüros 1920. So standen seine Aktien vor allem bei den kleinen Leuten hoch im Kurs. Durch sie wurde aber vor allem Max Klante groß. Bald gehörten ihm neben der Villa in Karlshorst auch Autos, ein Rennstall und zwei Cafes im Zentrum Berlins. Im Zirkus Busch ließ er sich mit Lorbeer krönen, den Kranz hatte er zuvor selbst gekauft.[14] Der unvermeidliche Konkurs des Schwindel-Unternehmens ließ nicht lange auf sich warten. Als er im September 1921 verhaftet wurde, beliefen sich seine Schulden auf die phantastische Summe von 90 Millionen Mark. Die Mehrheit der 80.000 Gläubiger (andere Quellen benennen 260.000 Geschädigte) ging leer aus. »Die Deutschen brauchen immer einen Klante«, wusste darüber Kurt Tucholsky (1890–1935) in der »Weltbühne« (unter dem Pseudonym Theobald Tiger) zu schreiben.[15] Klante wurde zu drei Jahren

Doppelwohnhaus von Oskar Gregorovius (kriegszerstört), o. D.

Gefängnis verurteilt, wohnte danach in der Nähe vom Alexanderplatz in einem Elendsquartier. 1950 setzte er seinem Leben selbst ein Ende.

In der einmündenden Wildensteiner Straße steht zur Linken in der Nummer 10 eine unbedeutend wirkende Villa, über deren Nutzung nur ein kleines Messingschild an der Fassade aufklärt. Hier haben die orthodoxen Christen ihre Gemeinde in der »Hl.-Sergius-von-Radonezh-Kirche« und hier ist auch die Berliner Diözese der Russischen Orthodoxen Kirche des Moskauer Patriarchats untergebracht. Als Hauskirche des Erzbischofs Boris war sie hier schon seit 1951, da bestand die Gemeinde erst aus wenigen Mitgliedern, meistens russischen Emigranten.

Zum Schluss kann man sich vorne in der Wildensteiner Straße 4, fast Ecke Wandlitzstraße, noch für einen Blick auf das Haus entscheiden, in dem Paul Noack-Ihlenfeld (1902–1962) gewohnt hat. Der Komponist arbeitete bis zum Zweiten Weltkrieg als Pädagoge und Pianist beim Rundfunk. Wegen einer Kriegsverletzung gab er 1945 das Klavierspiel auf und wandte sich ganz der Komposition zu. Er widmete sich hauptsächlich der Unterhaltungsmusik und wurde durch seine Operette »Aus dem Regen in die Traufe« (1955) und durch die Friedensfahrt-Fanfare einem breiten Publikum bekannt.[16] Sein Grab befindet sich auf dem Karlshorster Friedhof.

Am Blockdammweg

Im Südwesten von Karlshorst mündet die Ehrlichstraße in Richtung Rummelsburg in den Blockdammweg ein. Belebt ist diese Gegend nicht und inzwischen verschleiern große Brachen das einstige Geschehen in den früheren Industrie- und Gewerbeanlagen. Geplant ist hier in naher Zukunft zum Wohnen zwischen Trautenauer Straße, Hönower Wiesenweg und Blockdammweg die »Parkstadt Karlshorst«. Jenseits des Blockdammwegs sollen die Wohnbauten den Teil einer 1971 als Versorgungskontor entstandenen Niederlassung, die 1976 in den VEB Maschinenbauhandel Karlshorst mit Hallen und einem Verwaltungshochhaus von acht Etagen umgewandelt wurde, ersetzen. Seine vorrangigen Erzeugnisse des Maschinenbaus und der Elektrik waren nur für den Großhandel und nicht für den privaten Bedarf bestimmt. Die Werksleitung stiftete auch Preise für die Trabrennen in Karlshorst, darunter den Pokal des Maschinenbauhandels. 1992 von der Treuhand verkauft, ging der Betrieb 1993 in Liquidation, vorhandene Lager- und Büroflächen wurden vermietet.

Karlshorst verschafften Furniere und Möbel ebenfalls zu einem Bekanntheitsgrad. Auch davon sind gegenwärtig nur noch die Folgen des Funktionsverlustes zu sehen. Das ehemalige Furnierwerk der Unternehmer Martin Mamlok, Hans Gustav Messow und Kurt Hirschfeldt am Blockdammweg 62–68 bot schon in den zwanziger Jahren das zu Furnieren verfeinerte Holz an. Das angekaufte Gelände war bis dahin als Koppel von der Pferderennbahn Karlshorst genutzt worden. In der Branche wurde das Firmentrio die »Holzkönige von der Spree« genannt. Angesichts der bedrohlichen Entwicklung nach 1933 emigrierten die jüdischen Kompagnons in die Niederlande und kamen damit den Zwangsmaßnahmen der Nazis zuvor. Alfred Prächtel wurde Pächter der Firma, nachdem alle Vertragsbedingungen durch die NSDAP überprüft worden waren. 1941 wurden die jüdischen Besitzer, die im Exil von der Pacht gelebt hatten, mittels einer Verfallserklärung als »Reichsfeinde« enteignet und im »Reichs- und Staatsanzeiger« verkündet, dass das Inlandsvermögen »des Kurt Israel Hirschfeldt und Martin

Furnierwerk nach der Stilllegung, Blick von der Trautenauer Straße, 2018

Israel Mamlok zugunsten des Deutschen Reiches« eingezogen wird. 1942 kaufte Prächtel das Grundstück. Während des Krieges als Spezialbetrieb in die Kriegsproduktion eingebunden, wurden französische Kriegsgefangene und polnische Zwangsarbeiter eingesetzt, die in einer Baracke auf dem Betriebsgelände untergebracht waren. Die eigentlichen Firmengründer wurden nach der Besetzung der Niederlande deportiert, Hans Gustav Messow starb im September 1943 im KZ Auschwitz und Kurt Hirschfeldt starb im Mai 1945 – kurz nach der Befreiung durch amerikanische Truppen – im KZ Bergen-Belsen. Was ihre Firma betraf, so demontierte nach 1945 die Rote Armee die Maschinen. 1947 konnte die Produktion mit neuen Anlagen wieder aufgenommen werden, seit 1951 als »VEB Holzveredlung Karlshorst«. Nach dem Ende der DDR führte die Stilllegung des Betriebes 1991 zur Entlassung der 300 Beschäftigten. Martin Mamlok hatte nach Kriegsende vergeblich Ansprüche auf den Firmenbesitz geltend gemacht. Er starb im Februar 1959. Die Erben stellten nach 1990 Anträge auf Rückübertragung.

Die Furniere wurden für die Möbelindustrie abgesetzt, so für den VEB Möbelwerke Berlin-Karlshorst am Blockdammweg 49–57, der

1964 in großen Hallen die Produktion aufnahm. Manche der dort entworfenen Möbel-Modelle waren nur für den Export in die Sowjetunion bestimmt und wurden wunschgemäß gebeizt und poliert geliefert. Der DDR-Kunde zeigte besonders an der komplettierungsfähigen Schrankwand »carat« Interesse, musste darauf aber zwei Jahre warten. Die gab es auch als sogenanntes Exquisitmöbel mit furnierten Fronten im rustikalen Stil für etwa 7000 Mark. Das Design der weiterführenden Serie, »carat 2 000/100«, erhielt auf der Leipziger Messe 1981 eine Goldmedaille. Mit Bildung des Möbelkombinats 1979 blieb Karlshorst der Stammbetrieb. Der Verbund der Kombinatsbetriebe produzierte auch als Billiganbieter für die BRD. Zur Fertigung der 1987 entworfenen Schrankwand »Karlshorst« kam es nicht mehr, das letzte Erzeugnis war die graue Schrankwand »arcade« mit schwarzen Zierleisten. Die Produktionsstätte wurde nach 1990 durch die Deutsche Linoleum Werke (DLW) Büromöbel GmbH übernommen.

Die Waldsiedlung

Ursprünglich akzentuierte bis in die sechziger Jahre eine achteckige Brunnenanlage aus Kalkstein den Übergang in den Hegemeisterweg von der Liepnitzstraße aus, war in der bogenförmigen Straßenführung aber auch dem Verkehr im Wege. Hier beginnt die Waldsiedlung mit dem Kerngebiet Hegemeister- und Gleyeweg, Drosselstieg und Fuchsbau sowie der Oskarstraße, die fast etwas verwinkelt in die Wuhlheide eingebettet sind. Ein Spaziergang durch dieses Wohnviertel gehört zum Pflichtprogramm eines Karlshorstbesuchs. Dort ist beim Bauen etwas Besonderes entstanden, es ist also kein Wunder, dass die Siedlung unter Denkmalschutz steht. Mit ihr gelang dem weitberühmten Architekten und Baumeister Peter Behrens (1868–1940) der städtebauliche Entwurf eines vorrangig auf soziale Erfordernisse abgestimmten Konzepts, das er selbst als »architektonisch wirkungsvoll« beschreibt. Der Vorreiter der sachlichen Architektur setzte damit eine Idee um, die er bereits 1915 für eine »Gartenstadt Lichtenberg bei Berlin« ins Auge gefasst hatte.

Die Siedlungsbauten wurden 1919 bis 1921 angelegt und waren als Lösung der Wohnungsnot für heimkehrende Soldaten oder Kommunalbeamte gedacht. Als Beispiele für Nachfragen dieser Art seien die

Waldsiedlung mit Brunnen, 1925

gleichfalls am Rande eines Waldes gebauten Kleinhaussiedlungen Eichkamp in Charlottenburg (1919/20), Johannisthal (1919/20) oder Elsengrund in Köpenick (1920/21) genannt.[17] Um günstigen Wohnraum bieten zu können, mussten so unmittelbar nach dem Krieg die Kosten schmal kalkuliert und der Komfort eher bescheiden gehalten werden. Das beeinflusste auch den aufgestellten Bebauungsplan der Waldsiedlung. Von den beabsichtigten 500 Wohneinheiten wurden deshalb zunächst nur 117 realisiert – davon etwa 400 in Einfamilienreihenhäusern und 100 in Mehrfamilienhäusern. Einige Häuser im gleichen Stil folgten erst Mitte der dreißiger Jahre.

Federführend lag die Bauausführung in den Händen von Rudolf Gleye (1881–1926). Unter anderen verdankt Karlshorst dem Lichtenberger Stadtbaurat den Ausbau des Straßennetzes, von Platz- und Grünanlagen sowie Bauflächen, auf denen später Schule, Post und Apotheke Platz finden sollten. Gleye starb, bevor er sein Werk beenden konnte. Nach ihm ist ein Weg in der Waldsiedlung benannt.

Die Grundstücke in der Waldsiedlung sind schmal und gehen weit in die Tiefe. Die Sparsamkeit in der Flächennutzung wird besonders durch den minimalen Abstand zwischen den 19 und 20 Reihenhäusern auf beiden Seiten der Straße am Drosselstieg augenfällig. Gebaut wurden in der Regel zweigeschossige Einfamilienhäuser, je nach Typ mit vier Zimmern, Küche, Bad, Waschküche, gesonderter Toilette, im Dachgeschoss ein Mansardenzimmer und eine Veranda und mit einem 150 bis 300 Quadratmeter großen Garten mit kleiner Stallung für die Kleintierhaltung. Mehrere Vierfamilien-Häuser wichen mit kleineren Wohnungen davon ab, auch erhielten nur die Parterre-Mieter Gartenland. Verwendet wurden einfache Materialien. Fassaden und Kleinarchitektur, typisierte Fenster und Türen sowie die einheitliche Pflasterung der Straßen und Wege wirken wie aus einem Guss. Bis auf einzelne flache Erker und Giebelgesimse, deren Abschluss Attika oder Giebel bilden, wurde weitgehend auf aufwendige architektonische Details verzichtet. Entstanden ist eine gefällige Siedlung. Behrens setzte auf Kontraste und brachte Farbe in die Architektur. Davon sieht man heute wieder viel an den Fassaden in hellem Grau, Weinrot oder Ockerton mit Eingangstüren und Fensterläden in Blau oder Grün.

Geplant waren noch weitere Wohnbau-Abschnitte, eine Schule und andere Gemeinschaftsbauten, eine Gärtnerei, ein kleiner Haltepunkt am Güterbahnhof (für die Anlieferung von Kohlen und Kartoffeln) und ein Spiel- und Turnplatz. Doch Inflation und Massenarbeitslosigkeit und die weltweite Wirtschaftskrise brachten das Denkmodell »Waldsiedlung« zum Erliegen.

Erst 1937 setzte die »Gemeinnützige Baugesellschaft Berlin-Ost« (Nachfolgerin der »Waldsiedlung Berlin-Lichtenberg GmbH«) die Arbeiten fort. In diesem Bauabschnitt wurde noch ein anderer Typ Doppelhäuser gesetzt, der nicht auf die Originalpläne zurückging. Hier ist heute bloß die Struktur der Gartenanlagen denkmalgeschützt. Unter den Zugezogenen waren in den Mehrfamilienhäusern am Gleyeweg Angestellte des Kraftwerks Klingenberg und Familien, die ein Grundstück auf dem Tempelhofer Feld für die Erweiterung des Flugplatzes räumen mussten.

Einige im Zweiten Weltkrieg zerstörte Häuser der Waldsiedlung wurden zu DDR-Zeiten durch Neubauten ersetzt, die Nachbauten wichen allerdings beim Innenausbau, Außenputz und bei der Formgebung ab. Auch nahm die Siedlung durch Witterungseinflüsse Schaden. Von 1957 bis zu seinem Tod wohnte Herbert Fechner (1913–1998), von

Waldsiedlung, 2018

1967 bis 1974 Oberbürgermeister von Ost-Berlin, in der Oskarstraße 6. Nach 1989 ergriffen die meisten Bewohner die Möglichkeit des Erwerbs der Häuser und nahmen dabei die längst überfällige denkmalgerechte Restaurierung in Kauf.

Über den Hegemeisterweg gelangt man über einen schönen Waldweg und vorbei an der 1916 gegründeten Kleingartenanlage »Stallwiesen« auf die Treskowallee. Kleingärten gehören zu Karlshorst, einige Anlagen bestehen noch aus den zwanziger und vierziger Jahren. Allerdings stellt sich die Frage, für wie lange noch, denn der Senat zeigt wenig Interesse an deren Erhaltung. 1969 bis 1990 unterhielt der »Verband der Kleingärtner, Siedler und Kleintierzüchter« (VKSK) Ost-Berlins etwa dort, wo der Hegemeisterweg auf die Treskowallee trifft, sein zentrales Vereinshaus.

Heute weist nichts mehr darauf hin, dass hier früher regelmäßig gut besuchte gärtnerische Leistungsschauen, aber auch solche für Rassekaninchen, Geflügel, Schafe und selbst für Exoten durchgeführt wurden.

Heimatviertel, Wagnerviertel, Sagenviertel

Viertausend Seelen zählt die Kolonie bereits, teilte Anfang 1903 Emil Schirmer von der Redaktion der Karlshorster Nachrichten in der August-Viktoria-Straße 7 (heute: Ehrlichstraße 20)[18] den Lesern des ersten für Karlshorst herausgegebenen Adressbuches mit, das auch schon Werbeanzeigen von Handel und Gewerbe vermerkte. Heutzutage ist fast alles, was in der »guten alten Zeit«, wie sie mancher sah oder glauben machen wollte, so unentbehrlich war, verschwunden beziehungsweise in anderer Form anzutreffen. Wie fern erscheinen die damaligen Schuhmacher, Maler und Tapezierer, Buchbinder, Uhrmacher und Goldarbeiter, Kunst- und Bauglasereien, Kunst- und Landschaftsgärtnereien, Färbereien und chemischen Waschanstalten, die feinen Ateliers von Damenschneidereien, Läden für Singer-Nähmaschinen und die Cosmetischen Laboratorien. Alles in allem stellt man sich gern die Kaffee- und Zuckergeschäfte, die Butterhandlungen, die Molkereien mit dreimal täglich frischer Milch, die Bäckerei und Conditorei Schulz, die Rind- und Schweineschlächterei Hoppe und die Colonialwaren- und Delicatessen-Handlung Könnicke vor, wo manches nur Pfennige kostete. Eines der ersten großen Geschäfts- und Warenhäuser war das von Richard Rausch in der August-Viktoria-Straße 56 (heute: Ehrlichstraße 13).

Bald fehlte fast nichts mehr in der sich schnell entwickelnden Kolonie, die in den Jahren und Jahrzehnten kontinuierlich weiter aufblühte. Zum »Prinzenviertel« kamen komplett neue Wohnviertel mit bemerkenswerter, vor allem architektonischer Vielfalt hinzu. Durch die Auflagen der Berliner Bauverwaltung unterschieden auch sie sich von innerstädtischen Wohngebieten. Nach dem 1895 für die Siedlung erteilten »Kolonie-Konsens« durften beispielsweise keine Fabriken oder die Nachbarschaft durch Geruch oder Geräusche störende Gewerbe betrieben werden; auch die Aufnahme von Schlafburschen war nicht gestattet.

Unverkennbar Einfluss nahm nach dem Ersten Weltkrieg die neue Bauordnung für Berlin. Die Festlegung der Bauklasse 3 verschaffte dem mehrgeschossigen »Mietshaustyp« Zugang. Teilweise entstanden dadurch ganze Straßenzeilen, durch die sich das Siedlungsbild in Karlshorst wandelte. In punkto ursprünglicher Siedlungsplanung orientierten sich darüber hinaus einzelne Bauvorhaben weiterhin an einer

Villenbebauung, beispielsweise zwischen Rheinsteinstraße und Köpenicker Allee, an der Prinz-Friedrich-Wilhelm-Straße (ab 1951: Traberweg), an der Prinz-Adalbert-Straße (ab 1951: Liepnitzstraße) und Treskowallee. Zum großen Teil sind sie noch heute erhalten. Arme lebten hier nicht, bei den Bewohnern handelte es sich vorzugsweise um vermögende Bürger, es folgte die Mittelschicht und Kleinbürger mit mittleren Einkommen. Frühzeitig erreichten auch die kommunale Ausstattung, der Ausbau von Straßen, die Kanalisation und die Versorgung mit Gas und Wasser und mit Elektrizität einen hohen Stand. Bahnhof, Feuerwache, Schulbauten und Kirchen entstanden, die erwähnten Handwerker und zahlreiche Geschäfte wurden tätig und demonstrierten die Aufwärtsentwicklung. 1910 nahm eine Straßenbahnlinie zwischen Friedrichsfelde und Oberschöneweide den Betrieb auf. Die landschaftlich schön gelegene, bewaldete Gegend mit Ausflugsgaststätten bemerkten auch die Sommerfrischler aus Berlin. Etabliert hatten sich solche Lokalitäten wie der »Rheinische Hof«, das »Gesellschaftshaus«, das Gartenrestaurant »Fürstenhaus«, die Waldschänke von Kupsch, das »Deutsche Haus« und das Restaurant mit Weinstuben »Bürgerheim«.

Der Aufbau weiterer Wohnviertel vollzog sich in mehreren Etappen. In der Ausdehnung vom Bahnhof Karlshorst stadteinwärts entstanden links von der Treskowallee bis zum Römerweg zunächst das »Heimatviertel« (etwa 1900 bis 1910 sowie nach 1920) mit – unter anderem in der Dönhoff-, Gundelfinger- und Dorotheastraße – zumeist zweigeschossigen Häusern mit Villencharakter und größeren Miethäusern mit teils zwei Aufgängen. Daran schlossen das »Wagner-« und »Sagenviertel« an, mit Häusern in vor allem dreigeschossiger Bauweise (etwa 1920 bis 1936 sowie nach 1945). Zum einen tragen die Straßen hier Namen von Geldgebern und Initiatoren, die an der Gründung und Erschließung von Karlshorst einen Anteil hatten, oder sind nach deren Besitzungen benannt, zum anderen erfolgte die Namensgebung nach Opern von Richard Wagner beziehungsweise den darin vorkommenden Gestalten aus der Sagenwelt.

Zu den nahe der Bahnlinie errichteten ersten Häusern gehörte das Wohn- und Geschäftshaus in der Dönhoffstraße 2. Der Baukörper kommt nicht mehr im Original zum Tragen, doch hat sich hier eine 1907 eröffnete Apotheke erhalten, die jetzt nicht mehr »Adler-Apotheke«, sondern »Karlshorster Apotheke« heißt. Gegenüber in der Dönhoffstraße 38 liegt in einem kleinen Park ein Privatgrundstück mit einem

Adler-Apotheke in der Dönhoffstraße, 1911

gut restaurierten größeren Gebäude, dass mit Renaissance-Gesimsen und Stichbogenfenstern sehr wirkungsvoll gebaut wurde. Das 1903 fertiggestellte Forschungs-Laboratorium sollte dem »Ansehen, der Größe und Bedeutung der deutschen Cement-Industrie« entsprechen. Auch wollte die deutsche Portland-Zement-Industrie ihre Machtposition und ihre Qualitätsstandards partout erhalten. So kam es zur Bildung des Vereins deutscher Portland-Cement-Fabrikanten und zur Ansiedlung der Laboranlage. Die Qualitätsüberwachung der handelsüblichen Zementsorten auf Zusammensetzung, Zug- und Druckfestigkeit sowie Frost- und Feuerbeständigkeit, und die Forschung über die effektivste Verwendung der eigenen Produkte (auch im Straßenbau) brachten der Einrichtung binnen kurzer Zeit einen guten Ruf. Es bedarf also keiner langen Erklärung, weshalb der Berliner Architekt Schneider auch für den Baukörper vorrangig Zement verarbeiten, die Fassade mit Betonplatten verkleiden und das Dach mit Betonziegeln decken ließ. In einem in den zwanziger Jahren errichteten Anbau war zudem ein kleines Zement-Museum mit einer Sammlung von Mörtel und Beton, Bindemitteln und mineralogischen Sehenswürdigkeiten eingerichtet.

Karlshorster Apotheke, Dönhoffstraße, 2018

Nach dem Ende des Zweiten Weltkriegs wurde die Forschungsstätte geschlossen und demontiert. Die Gebäude wurden im Laufe der Jahrzehnte verschiedenen Nutzungen zugeführt, zeitweise waren hier die Algerische Botschaft, zuletzt die der Mongolischen Volksrepublik und noch eine Dependance des Rates für Gegenseitige Wirtschaftshilfe untergebracht. 1994 boten sich hier für einige Jahre Räume für eine Außenstelle des Bundesarchivs mit den Beständen der Stiftung »Archiv der Parteien und Massenorganisationen der DDR«.

Dass 1934 nebenan in der Dönhoffstraße 37 ein späterer berüchtigter Serienmörder möbliert wohnte, kann man angesichts der Beschaulichkeit Karlshorsts kaum glauben. Dennoch hat es den schändlichen Berliner Sittlichkeitsverbrecher namens Paul Orgorzow gegeben, über dessen Untaten man später Filme drehte und Bücher schrieb. Er heiratete im Sommer 1937, seine Frau brachte ein Kind mit in die Ehe. Danach lebten sie bei seiner Schwiegermutter in der Dönhoffstraße 24 im Parterre, dann im selben Haus in der oberen Etage. Zwischen 1939 und 1941 versetzte Orgorzow Berlin in Angst und Schrecken. Es herrschte Krieg, und er nutzte die angeordnete totale Verdunkelung

Feuerwache Karlshorst, Dönhoffstraße, 1911

der Stadt für seine Verbrechen. Als der biedere Familienvater, Parteigenosse und SA-Oberscharführer seine Taten beging, wohnte er mit Frau und zwei Kindern bereits in der Dorotheastraße 24. Die Nachbarn sahen ihn hier im Vorgarten Gemüse anbauen und hinterm Haus die Kirschen pflücken. Auch weil er Reichsbahner war, hielt man ihn für untadelig. Nachdem der Fleischermeister Schumann in der Dorotheastraße 25 das Fahndungsplakat zu dem S-Bahn-Mörder an den Laden hängte und bemerkte: »Der wohnt vielleicht nebenan«, soll Orgorzow lachend erwidert haben: »Da könnten Sie recht haben.« Sein Unwesen trieb er zunächst in den Laubenkolonien zwischen Rummelsburg, Friedrichsfelde und Karlshorst, hier überfiel und missbrauchte er mehr als dreißig Frauen, bevor allein reisende Frauen in der nächtlichen S-Bahn seine Opfer wurden. Am Ende sollten es noch sechs versuchte und acht vollendete Morde sein. Dem Leiter der Mordkommission, Wilhelm Lüdtke, gelang es schließlich, ihn zu stellen. Am 25. Juli 1941 wurde Orgorzow als Gewalttäter und »Volksschädling« hingerichtet.[19] So birgt Karlshorst auch ein beklemmendes Kapitel, aber die Häuser erzählen auch andere Geschichten.

Freiwillige Feuerwehr Karlshorst, Dönhoffstraße, 2018

1903 wütete ein Großbrand in der Rödelstraße. Zwei Jahre später bekam die Löschgruppe der Freiwilligen Feuerwehr Karlshorst in der Dönhoffstraße 31 eine eigene Feuerwache mit prachtvollen Backsteinornamenten, Wappen und weithin sichtbarem Steigturm, ohne die die Kolonie unvollständig geblieben wäre. Die als Samariter ausgebildeten Mannschaften verfügten auch über einen Krankenwagen. Eine Weile waren in dem geräumigen Gebäude zeitversetzt ebenso eine Unfallstation, eine Polizei- und Meldestelle, ein Steuerbüro, das Standesamt und eine Bücherei-Zweigstelle untergebracht. Als im Sommer 1914 hochdramatisch die bis dahin schlimmste Feuersbrunst in der jungen Kolonie tobte, kämpften Wehrleute aller umliegenden Orte gegen die Flammen. Ohne die eigene Feuerwehr wäre vielleicht der Großteil von Karlshorst in Schutt und Asche versunken.

Nicht immer konnte der tragische Ausgang aber verhindert werden – so 1984, als bei einem Feuer in Lichtenberg zwei Menschen ums Leben kamen und ein Feuerwehrmann schwer verletzt wurde. Seit 1995 gibt es in der Feuerwache Karlshorst einen Stützpunkt der Berufsfeuerwehr.

In Sichtweite wohnte in der Nummer 29 von 1934 bis zu seinem Tod im Jahr 1969 der bedeutende Schachmeister Kurt Richter, der in den Jahren 1943 und 1944 zeitweilig auf Platz 15 der Weltrangliste lag. In der Zeitschrift »Schach«, die auch heute noch verlegt wird, leitete er lange Zeit die Reihe »Schach lehrt Schach – Hohe Schule der Kombination«. Bekannt wurde er gleichfalls als Verfasser vieler Schachbücher und Beiträge in Fachzeitschriften. »Keiner hat es so wie Kurt Richter verstanden, das meistens trockene Schachmaterial in lebendiger, witziger und unterhaltsamer Weise zu erläutern.«, so steht es mehrfach über ihn geschrieben. 1950 verlieh ihm der Weltschachbund »Fédération Internationale des Échecs« den Titel eines Internationalen Meisters auf Lebenszeit. Richters Grabstätte liegt auf dem Karlshorster Friedhof.[20]

Architekturliebhabern seien nun im Zusammenhang mit Beton die ersten Großblockbauten in der DDR zwischen Marksburg- und Ilsestraße empfohlen. Zu diesen gelangt man entlang der Dönhoffstraße oder der parallel verlaufenden Dorotheastraße bis zur Sangeallee. 1956/57 nach Entwürfen von Leopold Wiel mit Beton-Einzelbauelementen hochgezogen, entstand für die damalige Zeit ein besonders passables Wohngebiet, in das ein zentrales Waschhaus, Kindergarten und Kinderkrippe sowie ein Einkaufszentrum integriert waren. Die 200 Wohnungen basierten noch auf Ofenheizung. Versuchsweise entwickelte man für die Gebäude spezielle austauschbare Bauelemente und verschiedenartige Grundrisse und Fassaden, die erstmals in der DDR zur Anwendung gelangten. Teils handelte es sich um Experimentalbauten des Großblockbautyps Q3A, die es danach vielfach in Ost-Berlin gab. Die Großblöcke aus Ziegelbruch und Beton sowie aus Zement-Kies-Mischungen wurden direkt am Ort des Bauens an der Sangeallee/Blockdammbrücke produziert. Der Betrieb war 1952/53 extra für diese besonderen Wohnungsbauten errichtet worden, danach wurde er 1956/57 wieder abgerissen. 2001 wurde die Wohnanlage durch die HOWOGE saniert.

Folgt man der Ilsestraße bis zur etwas entlegenen Wallensteinstraße 22, ist etwas Phantasie erforderlich. Nur Insider wissen, dass hier einst das Kulturhaus der Eisenbahner stand, das bald nach der Wende zumachte. Dort wurde 1967 der heute noch an anderem Ort bestehende Verein »Modellbahn im Stellwerk« gegründet. Wer nun in der nach dem österreichischen Feldherrn im Dreißigjährigen Krieg benannten Straße nichts mehr vermutet, der liegt falsch. Inzwischen

Wohnensemble zwischen Marksburg- und Ilsestraße, 2018

wurde hier 2009 das private Institut Buhara e.V., die erste deutschsprachige Imam-Schule der Bundesrepublik, eingerichtet. Sieben Jahre dauert das Studium für junge Muslime, bevor sie als Religionsgelehrte und Vorbeter (Imam oder Hodscha) in einer Moscheegemeinde tätig sein können. Es zeigt sich auch hierbei, dass in Karlshorst nicht nur Festgefügtes und Abgeschlossenes existiert.

Geht man die Wallenstein- und Dönhoffstraße zurück und vor bis zur Gundelfinger Straße, sind hier die mehrstöckigen Mietshäuser in den Nummern 42–45 als typische Beispiele für gehobenes Wohnen nicht zu übersehen. Die Dächer, Fassaden, Fenster und Balkone wurden verschieden gestaltet. Optisch ansprechend wirkt das Wohnensemble mit seinen Stilelementen und ornamentalen Details teils auch im Innern der Häuser. Gebaut wurden sie 1901, 1902, 1904.

Die katholische St. Marien-Kirche, das zweite größere Gotteshaus in Karlshorst, erhebt sich sehr nah dabei. Weil es zurückgesetzt in die Gundelfinger Straße 36–37 hineingebaut ist, steht man ziemlich unvermutet auf dem Platz davor. Die Kirche von 1935/36 wurde ausschließlich durch die Mitglieder der Gemeinde finanziert. Über ein Jahrzehnt

Gundelfinger-, Ecke Dönhoffstraße, 1905

sammelte sie dafür Gelder. Die Gestalt in neoromanischen Stil erhielt die Kirche nach Plänen des bekannten Kirchenbauarchitekten Clemens Lohmer aus Leipzig. Das Benedizieren im Dezember 1936 durch den Generalvikar Dr. Paul Steinmann (1871–1937) und die feierliche Konsekration am 20. Juni 1937 durch den Bischof von Berlin, Konrad Graf von Preysing (1880–1950), erlebte Lohmer nicht mehr, der bereits im März 1936 einem Schlaganfall erlegen war. Der wie Lohmer aus Leipzig stammende Architekt Jacques Baudinot (1889–1959) führte den Auftrag dann zu Ende. Die Kirche mit Lang- und Querhaus ist den alten frühchristlichen Basiliken nachempfunden. Der wuchtige Eindruck beruht nicht zuletzt auf dem grau bis weiß-grauen Bruchsteinmauerwerk aus Rüdersdorfer Kalkstein an der Hauptfassade, mit dem auch der über vierzig Meter hohe rechteckige Companile aufgemauert wurde. Die Fläche über dem mittleren Portal oberhalb des Haupteingangs schmückt eine Marienfigur aus Muschelkalkstein. Schützend breitet sie ihren Mantel über die Kirchgänger aus. Neben den drei rundbogigen Portalen befinden sich Pfeiler, welche die vier Evangelistensym-

St. Marien-Kirche, Gundelfinger Straße, 2012

bole tragen: ein Engel für Matthäus, der Löwe für Markus, der Stier für Lukas und der Adler für Johannes. Entworfen und ausgeführt wurden alle Darstellungen durch den Bildhauer Josef Dorls (1869–1945). Die von Egbert Lammers (1908–1996) im Kircheninnern in herrlichen Farben über die drei Altarfenster geschaffene Glasmalerei von der Christuskreuzigung wurde 1944 bei einem Luftangriff zerstört. Erhalten ist aber in einer kleinen Seitenkapelle eine besonders wertvolle Marmorgruppe von 1750, die bis 1932 zur Ausstattung des Hochaltars der St. Hedwigs-Kathedrale gehörte. Das Werk stammt aus der Werkstatt des venezianischen Bildhauers Giovanni Marchiori (1696–1778). Es stellt Maria Magdalena dar, die am Ostermontag dem auferstandenen Jesus begegnet. In den ersten Jahren nach 1945 teilte die Kirche das Los mit ihrem evangelischen Gegenüber.

Das dazugehörige viergeschossige Pfarrhaus mit der hofseitig in einem Garten eingebetteten kleinen Kapelle von August Kaufhold (vor 1880–nach 1942) war bereits 1909 bezugsfertig. Kirchenrechtlich gehörte die katholische Gemeinde anfangs zur Pfarrei St. Mauritius

St. Marien-Kirche, Gedenktafel für Bernhard Lichtenberg, 2015

Lichtenberg-Friedrichsberg, die heute noch im Neubaugebiet Frankfurter Allee in der Mauritiuskirchstraße 1 besteht. 1906 wurde die Kuratie Friedrichsfelde-Karlshorst mit Sitz in Karlshorst errichtet.[21] Als erster Seelsorger wirkte hier Bernhard Lichtenberg (1875–1943); vor seiner Versetzung nach Berlin-Pankow 1910 wohnte er im Pfarrhaus. 1932 übernahm er das Pfarramt von St. Hedwig, der wichtigsten Kirche des Bistums Berlin, seit 1938 übte er das Amt des Berliner Dompropsts aus. Als konsequenter Gegner des NS-Regimes setzte sich Lichtenberg unverhohlen für die Rechte der Menschen und der Kirche ein, was nicht ohne Folgen blieb. Seine täglichen Fürbittgebete schlossen auch die Gefangenen in den Konzentrationslagern und die jüdischen Mitbürger ein, und er erhob seine Stimme gegen die Euthanasiemorde. 1941 wurde er verhaftet. Vor seiner Entlassung aus der qualvollen Haft 1943 ordnete die Gestapo die Deportation ins Konzentrationslager Dachau an und überführte den bereits Schwerkranken erst in das gefürchtete »Arbeitserziehungslager« Wuhlheide, einem 1940 auf Befehl Heinrich Himmlers eingerichteten Lager der

Gestapo zwischen Karlshorst und Friedrichsfelde, das direkt an den Schlosspark Friedrichsfelde grenzte. Es diente der Internierung von Zwangsarbeitern aus den von der Wehrmacht besetzten europäischen Ländern, aber auch von Berlinern und anderen Untersuchungsgefangenen der Gestapo, darunter politische Häftlinge. Das Totenregister der hier etwa dreitausend Umgekommenen führte das Standesamt Karlshorst-Friedrichsfelde, das seinen Sitz im Gebäude der Feuerwache in der Dönhoffstraße hatte. Für viele Häftlinge war das Lager die Vorstufe für die Überstellung in ein Konzentrationslager. Bernhard Lichtenberg verbrachte hier unter unwürdigen Bedingungen in einem Barackenraum, in dem Kartoffeln und Gemüse lagerten, zwei Tage und zwei Nächte.[22] Auf dem Weg nach Dachau verstarb er bei einem Zwischenaufenthalt in Hof an der Saale am 5. November an den Folgen seiner Haft. Trotz Geheimhaltung durch die Nationalsozialisten kamen Tausende zu seiner Beisetzung auf den St.-Hedwigs-Friedhof in Berlin-Mitte. Seit 1965 befindet sich das Grab in der Krypta der St.-Hedwigs-Kathedrale, 1996 erfolgte seine Seligsprechung durch den Papst. Etwa zeitgleich wurde an St. Marien eine Gedenktafel (Achim Kühn) enthüllt. Schon 1993 hatte ihm Helga Lignau-Sachs in leuchtenden Farbtönen das Bernhard-Lichtenberg-Kirchenfenster in der Kirche gewidmet. Auch Rolf Hochhuth führt den aufrechten Hitlergegner für sein Drama »Der Stellvertreter« (1963) mit als historisches Vorbild an.[23]

Schräg gegenüber der Kirche steht Nummer 10–11 das älteste Schulhaus von Karlshorst aus dem Jahre 1899. Damals wohnten in der Gemeinde 149 schulpflichtige Kinder. Ab 1910 konnte auch in die Schule in der Auguste-Viktoria-Straße (heute Ehrlichstraße 63) gegangen werden. Und bis zur Eröffnung der öffentlichen höheren Kant-Schule an der Treskowallee 8 gab es eine im Jahr 1904 mit vier Klassen gegründete »gehobene Privatschule« für Jungen und Mädchen in der Dönhoffstraße 9, die danach von 1909 bis 1912 in der Wildensteiner Straße 7 gelegen war. Die Gymnasiallehrerin Meta Horter, Initiatorin und Vorsteherin dieser Einrichtung, wurde für ihr Engagement später mit einem Wegnamen bedacht.

1954 bis 1994 war die alte Schule in der Gundelfinger Straße für Karlshorster Kinder nicht mehr zugänglich, weil hier Schüler der im Ort stationierten sowjetischen Offiziersfamilien unterrichtet wurden. Die Spuren dieser Nutzung sind längst nicht mehr sichtbar. Nachdem das denkmalgeschützte Gebäude jahrelang zusehends

Gemeindeschule, Gundelfinger Straße (Mitte links im Bild), 1915

auch durch Leerstand verfiel, setzte die Mietergenossenschaft Selbstbau e. G. hier 2007 auf ein Mehrgenerationenhaus für Familien mit geringeren Einkommen. Heute sind die Klassenzimmer für ein generationsübergreifendes und integratives Wohnen umgestaltet. Der 1959 für die deutschen Schüler als Ersatz errichtete Schulneubau in der Lisztstraße 6 mit dem späteren Namen des mongolischen Revolutionsführers, »Suche Bator«, der aber nicht mehr gilt, wird heute als »Karlshorster Schule« genutzt.

An der nächsten Straßenecke geht die Marksburgstraße (bis 1911: Krausestraße) ab. In der Nummer 46–52 hat sich an den um 1900 erbauten historischen Doppelhäusern kaum etwas verändert. Wie die Häuser des Kaisers in der Lehndorffstraße vermitteln sie durch genügsame Ausmaße und Parzellenschnitt noch ein Bild davon, wie Karlshorst einmal aussehen sollte. Es handelt sich um eines der letzten Zeugnisse des ursprünglichen Kolonie-Konzeptes.

Ehemalige Gemeindeschule, heute Mehrgenerationshaus, Gundelfinger Straße, 2018

Rheinisches Viertel

Bei dem vom Bahnhof Karlshorst stadteinwärts rechts von der Treskowallee liegenden sogenannten »Rheinischen Viertel« ist der vertraute Namensklang vieler seiner Straßenzüge von Orten und Burgen aus dem Rheingebiet entlehnt. Nach 1900 begann entlang der Treskowallee, Rheinstein- und Stolzenfelsstraße bis hin zur Waldowallee der Bau von überwiegend dreigeschossigen Mietshäusern und Doppelhäusern.

In einer zweiten Bauphase in den zwanziger Jahren setzte sich zwischen Waldowallee, Rheinsteinstraße und nahe dem Friedhof bis zur Biesdorfer Grenze ein Villenviertel fort. Gebaut wurde auch noch in den dreißiger und vierziger Jahren. Nach 1945 waren vor allem in diesem Teil des heutigen Karlshorst-Ost die Folgen der sowjetischen Besatzung erheblich spürbarer als anderswo im Ort.

Zwischen den Wohnhäusern verleiht die evangelische Kirche in der Weseler Straße dem Stadtteil ein besonderes Gepräge, schon weil der hohe Kirchturm seine Fernwirkung im Ortsbild nicht verfehlt. Mit der Blickachse zur Treskowallee wurde sie in nur einjähriger Bauzeit 1910

Waldowallee, 1929

vollendet. Unmittelbar an die Kirche schließt das Pfarr- und Gemeindehaus an. Nach langem Suchen hatte jenes Grundstück Sigismund von Treskow, Landrat des Landkreises Niederbarnim, der Kirchengemeinde zur Verfügung gestellt. Die Kirche entstand mit einem Kostenaufwand von 250.000 Mark nach Plänen des Architektenteams Peter Jürgensen (1873–1954) und Jürgen Bachmann (1872–1951), die schon als Erbauer von anderen Kirchen und Bauten in und außerhalb Berlins Zeichen gesetzt hatten. Der schlichte rote Backsteinbau ist dem Typ märkischer Landkirchen mit querrechteckigem Westbau mit Turmaufsatz und geschwungenem spitzen Kupferhelm in einer Gesamthöhe von 56 Metern angeglichen. Im Innern erfuhr er wiederholt Veränderungen, so wurden schon im Ersten Weltkrieg zwei der drei Bronzeglocken eingeschmolzen, die dritte, 1922 nach Triptis in Thüringen übergeben, musste im Zweiten Weltkrieg abgeliefert werden.[24]

Martin Voelkel (1884–1950), Pfarrer der Gemeinde von 1919 bis 1950, bewies, wie nicht jeder seiner Amtskollegen, im Nationalsozialismus viel Zivilcourage. 1935 trat er der Bekennenden Kirche bei. Trotz aller Bedrängnisse misslangen alle Versuche seiner Amtsenthebung.

Evangelische Kirche Karlshorst, Weseler Straße, 1901/1911

1944 wurde ihm auf Betreiben des NSDAP-Kreisleiters das staatliche Kindergeld gestrichen. Schlimmeres verhinderte wohl nur das nahe Ende des Krieges, denn von Voelkel ist bekannt, dass er im November 1940 den jüdischen Dentisten Hans Wirth zu taufen wagte. Dafür wurde er von den »Deutschen Christen« angefeindet und musste sich gegenüber dem Evangelischen Oberkirchenrat verantworten. Vermutlich bestand noch aus der Zeit im Kriegerverein Karlshorst eine persönliche Beziehung zwischen beiden Männern, obwohl nach der neuen Vereinssatzung von 1933 Juden von der Mitgliedschaft ausgeschlossen wurden. Die Taufe hat Hans Wirth nicht gerettet. 1942 nach Auschwitz deportiert, gilt er dort als verschollen. Seine Mutter Thony kam 1943 im Konzentrationslager Theresienstadt um.[25]

Von 1945 bis 1955 war die Kirche nicht nutzbar. Nach umfangreicher Instandsetzung durch Bischof Dibelius im Juli 1956 wieder neu geweiht, erhielt sie den Namen »Zur frohen Botschaft«. Aus dieser Zeit stammt die moderne Ausstattung: der Altarraum, die Kanzel und die beiden Chorfenster des Glasgestalters Gerhard Olbrich mit den Szenen Taufe und Abendmahl. Das Gemälde »Christus in Gethsemane«

von Lucas Cranach ging dagegen nach 1945 verloren. Ein Kleinod von künstlerischem Wert besitzt die Kirche mit der denkmalgeschützten Amalien-Orgel, die einzige bis heute erhaltene Barockorgel in Berlin. Hier in Karlshorst wird sie seit 1960 wieder zum Klingen gebracht. Ohne eine aufwendige Restaurierung wäre dieses Kulturerbe aber verloren gewesen. Mit viel Ornamentik und einer Farbgebung aus Weiß, Pastellgrün und Gold wurde sie 1753 bis 1755 von dem aus Birthelm in Siebenbürgen stammenden Berliner Orgelbauer Peter Migendt (1703–1767) für die Musik liebende Anna Amalie von Preußen (1723–1787), die Schwester Friedrichs II., gebaut. Migendt arbeitete mit dem Orgelbauer Ernst Marx (1728–1799) aus Ballenstedt (Harz) zusammen, der mit ihm verschwägert war. Beide waren Schüler des bekannten Orgelbauers Joachim Wagner (1690–1749). Bis zum Tod der Prinzessin war die Orgel in ihrem Palais Unter den Linden aufgestellt. Danach gelangte sie in die Schlosskirche Berlin-Buch, sollte dann als Konzertorgel in die Nikolaikirche in Berlin eingebaut werden, wurde infolge des Krieges aber ausgelagert und blieb dadurch verschont.[26]

Anfangs lag die Kirche noch in bracher Gegend – doch Karlshorst wuchs und war 1911 bereits auf annähernd 10.600 Bewohner angewachsen. Wer am Bahnhof Karlshorst angekommen ist, dem sei entlang der S-Bahn-Trasse ein Blick auf die besonderen Baudenkmale in der Stolzenfelsstraße 1a–7 empfohlen. Die dreigeschossige Miethausbebauung mit Vorgärten bestimmte den Stadtraum vor dem Ersten Weltkrieg. Sichtlich gewinnt sie durch ihren architektonischen Reiz, durch ornamentale und figürliche Schmuckelemente des Jugendstils und des Heimatschutzstils an den Fassaden. Gut dreißig Jahre später wurde der rustikale Zweckbau in der Ehrenfelsstraße errichtet, der dazu ein ganzes Stück der Stolzenfelsstraße 1 mit dem Schostakowitsch-Saal der bezirklichen Musikschule einnimmt. Der Komplex lässt sich über eine Durchgangsstraße leicht umgehen, sodass man von der Stolzenfelsstraße gut in die Ehrenfelsstraße gelangt.

1930 erhielt Karlshorst in der Ehrenfelsstraße 42–44 ein neuerbautes Postamt. Zum gleichen Zeitpunkt hatte sich etwas weiter in der Nummer 8a bis 1938 in einer kleinen Parterrewohnung Hans Bellmer (1902–1975) mit seiner tuberkulosekranken Frau eingemietet. Hier arbeitete er auch als Gebrauchsgrafiker. Nicht jedem wird der Name etwas sagen, auf den neben dem Hauseingang eine Gedenktafel verweist. Darauf steht geschrieben: »Weltruhm erlangte er durch die

Treskowallee, Ecke Stolzenfelsstraße, 1920

Photographien seiner beiden Puppen, die er in diesem Haus zwischen 1933 und 1937/38 konstruierte und in surreal-erotischen Situationen inszenierte.« Die künstlerische Konstruktion seiner menschengroßen, mädchenhaft anmutenden Puppen, die er in erotischen Posen fotografierte, gilt als Ausdruck von Bellmers Auflehnung gegenüber der nationalsozialistischen Machtübernahme. Sein Werk stuften die Nazis als sogenannte »entartete Kunst« ein. Salvador Dali und andere Künstler nahmen »Die Puppe« als surrealistisches Objekt par excellence wahr; 1934 erschienen davon Abbildungen im »Minotaure«, der Zeitschrift der Surrealisten in Paris. Nach dem Tod seiner Frau emigrierte der Künstler 1938 nach Paris.

Wer von hier auf die Andernacher Straße zuläuft, gelangt zur dortigen Nummer 2, in der in den zwanziger und dreißiger Jahren der Bürgermeister von Karlshorst, Franz Ungewitter, wohnte. Sein Grab befindet sich auf dem Karlshorster Friedhof. Den Stadtplatz zwischen Ehrenfels- und Ingelheimer Straße schmückt die überlebensgroße Skulptur »Die Ruhende«, auch genannt »Die Knieende«, von Karl Trumpf (1891–1959), die wegen des Duncker-Denkmals hierher umgesetzt wurde. Angeblich soll den Künstler die ungewöhnliche Ausstrahlung der Tochter des Gärtners Mielens vom Schloss Friedrichsfelde inspiriert haben. Er schuf eine in sich ruhende Komposition eines anmutigen weiblichen Aktes in leicht gebeugter Pose, Kopf und Körper abstützend. 1995 restaurierte der Bildhauer Karl-Günter Möpert (1933–2014) den Naturstein. An gleicher Stelle stand einst auf dem früheren Ingelheimer Platz ein 1926 eingeweihtes überlebenshohes Kriegerdenkmal für die Gefallenen im Ersten Weltkrieg von Oswald Schimmelpfennig (1872–1939), das wohl nach 1945 von der sowjetischen Besatzungsmacht geschleift wurde. Aus dem Stein herausgearbeitet war die Darstellung eines in trauernder Haltung knienden Soldaten mit Helm, der auf dem rechten Arm den Kopf aufstützt und in der Linken ein Schwert hielt. Am Sockel befand sich eine Plinthe in Schildwappenform mit den Namen der gefallenen Karlshorster. Schicksale waren damit verknüpft; mancher Jubel von damals bei Ausbruch des Krieges inzwischen verstummt. Während der Enthüllung des Denkmals gab es unter den gedenkenden Angehörigen sechs Ohnmachtsanfälle.

Gleich daneben in der Ehrenfels-, Andernacher- und Königswinterstraße reiht sich in Form einer Dreiecksbebauung weiträumig eine ganze Wohnanlage um einen gemeinsamen Innenhof. Durch wechselnden Putz und Backstein sind die Fassaden dekorativ gestaltet. Zu sehen sind auch Eckrisalite mit geschwungenen Rundungen, die sich in den Balkonbrüstungen wiederholen. Errichtet wurden die Häuser 1928 bis 1930 durch den Architekten Richard Pohl und den Bauherrn Franz Ackerschewski. Anders ist der Grundeindruck des grauen wuchtigen Eckhauses an der Andernacher Straße 5–5A, Königswinterstraße 24–24 A. Dessen eigenwilliger expressionistischer Baustil, wie er sich in der nahezu portalartigen Ausformung der Balkonachsen und Eingänge zeigt, ist in Karlshorst einzigartig. Nach Kriegsende, von 1945 bis 1994, hielten das Wohnhaus sowjetische Familien bezogen. Noch heute befindet es sich in russischem Eigentum, ist aber unbewohnt. Sein jahrelanger Leerstand ist für Karlshorst ein belastender Zustand. Dadurch ist auch kein Anbringen einer Gedenktafel für den Juristen Rudolf Mandrella (1902–1943) erlaubt, der im Nationalsozialismus seinen Glauben und sein Gewissen über das eigene Leben stellte. Nur wenige Berliner – und wahrscheinlich auch nur wenige Karlshorster – wissen, dass er hier in der Königswinterstraße 24 von 1936 bis zu seinem Tod lebte. Mit seiner Frau Maria und seinen drei Söhnen gehörte er der katho-

Skulptur die »Knieende«, heute an der Ingelheimer Straße, 2018

Ehemaliges Kriegerdenkmal auf dem Ingelheimer Platz, 1936

lischen Gemeinde St. Marien in Karlshorst an. Beruflich war er zum Amtsgerichtsrat in Berlin-Köpenick aufgestiegen, wo heute der Name der Platzanlage davor und ein Gedenkstein an ihn erinnern. Um einer Einberufung zur Wehrmacht zuvorzukommen, hatte sich Mandrella 1941 zur Marine gemeldet. Nach Stettin (heute: polnisch Szczecin) versetzt, pflegte er Kontakt zu regimekritischen Gleichgesinnten um den Geistlichen Simoleit. Ein von der Gestapo in den Gesprächskreis eingeschleuster Spitzel denunzierte ihn und andere bei der Gestapo. Mandrella wurde in der Nacht vom 4. zum 5. Februar 1943 verhaftet, am 28. August 1943 sah seine Frau ihn zum letzten Mal. Am 3. September wurde gegen ihn wegen sogenannter »Wehrkraftzersetzung« das Todesurteil im Zuchthaus Brandenburg vollstreckt. Seine Familie verließ danach Karlshorst.

Ein paar Schritte weiter trifft die Andernacher- auf die Rheingoldstraße. Von 1939 bis Anfang Mai 1945 wohnte im Haus Nummer 32 Ruth Baumgarte (1923–2013), die Tochter der Schauspielerin Margarethe Kellner-Conrady (1899–1969) und des Schauspielers, Regisseurs

Eckhaus Andernacher-, Ecke Königswinter Straße 24–24A, 2003

und UFA-Direktors Kurt Rupli (1899–1960). Die in Coburg geborene Malerin und Grafikerin, die nicht nur wegen ihres expressiv-gegenständlichen Afrika-Zyklus internationale Bekanntheit erlangte, wuchs in Berlin bei der Mutter auf. Ab 1935 lebten sie in Karlshorst, zunächst in der Dorotheastraße 19. Ruth Kellner (1943 kurze Zeit mit dem Künstler Eduard Busse verheiratet) studierte 1941 bis 1944 an der Hochschule für bildende Künste in Berlin. Sie und ihre Mutter mussten Karlshorst mit der Errichtung des sowjetischen Sperrgebietes verlassen. 1952 erfolgte die Eheschließung mit dem Industriellen Hans Baumgarte. Die geschätzte Künstlerin lebte bis zu ihrem Tod in Bielefeld.[27]

Erfreulicherweise kommt auch in dem benachbarten kleinen Park die Kunst ins Spiel. Die in Richtung Rheinsteinstraße freistehende Skulptur »Große Laufende« (1989) ist ein Werk des Bildhauers Jürgen Pansow (1939–2010), einem Meisterschüler bei Wieland Förster und Theo Balden. Der Rheinsteinpark, der in den ersten Jahren nach dem Zweiten Weltkrieg aus Gärten entstand und zu DDR-Zeiten Fritz-Schmenkel-Park hieß, bietet eine große Artenvielfalt an Gehölzen und alten Bäumen. Sein breiter Haupt- und Spazierweg ist eigentlich der

Skulptur »Große Laufende«, Rheinsteinpark, 2018

Verlauf der Rheingoldstraße, die ihre Fortsetzung über die Rheinsteinstraße hinweg nimmt. An der Abzweigung Königswinter- und Sinzigerstraße erhielt 2010 der Johanna-und-Willy-Brauer-Platz seinen Namen, der eine Familie ins Gedächtnis ruft, die dem Terror im Nationalsozialismus ausgesetzt war. In Karlshorst wohnten sie viele Jahre, zunächst in der Heiligenberger Straße 12, dann in der Drachenfelsstraße, ebenfalls in der Hausnummer 12. Johanna Brauer (1883–1964) war nach der Heirat 1913 zum jüdischen Glauben ihres Mannes Willy (1875–1948) übergetreten. In der NS-Zeit trat sie formell wieder aus, wodurch dem Ehepaar und seinen drei Töchtern das Überleben gelang. 1941 mussten sie nach Berlin-Tiergarten umziehen. 1943 hatte sich Goebbels das Ziel gesetzt, Berlin judenfrei zu sehen. Tausende Jüdinnen und Juden wurden am 27. Februar 1943 bei der »Fabrik-Aktion« an ihren Zwangsarbeitsstätten verhaftet und deportiert. Darunter waren viele Angehörige aus sogenannten Mischehen, die im Sammellager in der Rosenstraße 2–4 unweit des Hackeschen Marktes, dem ehemaligen Wohlfahrtsamt der Jüdischen Gemeinde zu Berlin, interniert wurden. Dazu gehörte auch Willy Brauer. Johanna Brauer war eine der »arischen« Frauen, welche tagelang vor dem Gebäude ausharrten, um den bevorstehenden Transport ihrer Männer zu verhindern. Sie erzwangen ihre Entlassung, war doch die Aufmerksamkeit der Öffentlichkeit erregt und die Nazis vorerst zurückhaltender. Danach begingen die Brauers noch das Wagnis, neun verfolgte jüdische Mitbürger zu verstecken.

Wenn man die Rheingoldstraße entlangläuft, lohnt es sich, noch über die Marksburgstraße oder das Rolandseck in die parallel verlaufende Waldowalle einzuschwenken und dort bis zur Nummer 15 zu schlendern. Bis zum März 2012 lebte hier zurückgezogen Johannes Hegenbarth (1925–2014), der danach in ein Pflegeheim zog. Nicht nur Kenner lächeln bei dem unter dem Pseudonym »Hannes Hegen« über die Grenzen der DDR hinaus bekannten Namen des Zeichners und Comic-Autors. Denn seine unvergesslichen Comic-Figuren »Dig, Dag und Digedag« eroberten die Herzen ganzer Generationen. Die Originalausgaben der Hefte sowie die nachaufgelegten Sammelbände der Comic-Helden erfreuen sich auch heute noch immer großer Popularität. Anfangs arbeitete Hegenbarth als Karikaturist, unter anderen für die Wochenzeitschrift »Frischer Wind« (den späteren »Eulenspiegel«) und für »Das Magazin«. 1955 war er der Schöpfer der einzigen Comic-Zeitschrift der DDR, »Mosaik«, die sozialistische Antwort auf die westliche Comic-Welle mit Heften wie »Micky Maus«, nach der die DDR-Oberen lange gesucht hatten. Bis 1975 erschienen die »Mosaik«-Hefte in Abständen von drei Monaten, anschließend monatlich. Ihre lustigen und spannenden Abenteuer quer durch reale und fiktive Welten, sei es im Wilden Westen, auf fremden Planeten oder durch die Mittelalterwelt der »Ritter Runkel«-Serie, waren sehr beliebt. Nach Differenzen mit dem Verlag Junge Welt zog sich Hegenbarth 1975 als künstlerischer Leiter zurück, behielt jedoch die Urheberrechte an seinen Figuren, die der Verlag anschließend durch die »Abrafaxe« ersetzte. Seine Frau Edith Hegenbarth (1924–2008), eine ehemalige Kostümbildnerin, schuf auch viele »Mosaik«-Nebenfiguren. Johannes Hegenbarth wurde auf dem Karlshorster Friedhof beigesetzt. Sein umfangreiches Archiv übernahm das Zeitgeschichtliche Forum Leipzig.

Die nahegelegenen ruhigen Seitenstraßen tragen ihre Namen nach Johannes Zoschke und Rudolf Grosse erst seit 1975/76. Die Umbenennung war angesichts ihrer früheren Namensgebung nach den Militärführern im damaligen Deutsch-Südwestafrika, Ohm Krüger und Louis Botha, beziehungsweise später Erich Franke, längst überfällig. Heute

Ehemaliges Wohnhaus von Hannes Hegen, Waldowallee, 2018

erinnern die Straßen an zwei kommunistische Widerstandskämpfer gegen das NS-Regime. Johannes Zoschke (geboren 1910), der sich der Widerstandsorganisation um Robert Uhrig angeschlossen hatte, wurde am 24. Oktober 1944 in Brandenburg-Görden hingerichtet. Rudolf Grosse (geboren 1905) wurde 1934 wegen einer Flugzettelaktion ins Konzentrationslager Sachsenhausen überführt. Hier übte er weitere Widerstandstätigkeit aus, kam anschließend in das Konzentrationslager Flossenbürg und wurde dort am 9. Dezember 1942 ermordet.

Bis 1976 erinnerte die Warmbader Straße ebenfalls an einen Ort und Militärposten aus deutscher Kolonialzeit in Namibia. Nun heißt sie nach Robert Siewert (1887–1973), der von den Nazis drei Jahre im Zuchthaus und sechs Jahre im Konzentrationslager Buchenwald eingesperrt war, aber die Verfolgung überlebte. In Buchenwald konnte er mit anderen Mithäftlingen jüdische und polnische Kinder vor der Deportation in den Gastod retten, wie es später Bruno Apitz in dem Roman »Nackt unter Wölfen« beschrieben hat. Siewert gilt als oppositioneller Kommunist. Da er seit 1929 leitend in der Kommunistischen Partei-Opposition (KPD-O) war, wurde er 1950 als Innenminister von Sachsen-Anhalt abgesetzt, nach Stalins Tod aber rehabilitiert. Eine Tafel an dem Haus, in dem er lange in Karlshorst wohnte, macht gleichfalls auf ihn aufmerksam.

Die Robert-Siewert-Straße verbindet die Rudolf-Grosse- mit der Ursula-Goetze-Straße. Vorher, von etwa 1905 bis 1976, hieß sie Waterbergstraße, benannt nach einer Berglandschaft in Namibia, wo 1904 Zehntausende Hereros den Soldaten der deutschen Kolonialherrschaft ausgeliefert waren. Wer von ihnen überlebte, musste verdursten und verhungern.

Wie Grosse, Zoschke und Siewert kämpfte auch die junge Kommunistin Ursula Goetze (1916–1943) gegen die Naziherrschaft. Sie hatte Verbindungen zur Widerstandsorganisation um Arvid Harnack und Harro Schulze-Boysen und gehörte zu den Regimegegnern, die 1942 bei den Protesten gegen die Propagandaausstellung »Das Sowjetparadies« in Berlin im Lustgarten verhaftet und zum Tode verurteilt wurden.

Parallel zur Ursula-Goetze-Straße verläuft die Brehmstraße, dazwischen liegt nur die Wegstrecke vorbei am Friedhof in der Robert-Siewert-Straße. Die Brehm- und die abbiegende Roßmäßler Straße bebauten zu Beginn der sechziger Jahre mehrere Arbeiter-Wohnungsbau-Genossenschaften (AWG). So entstanden Genossenschaftswohnungen, ebenfalls eine Schule und andere Gemeinschaftsbauten. Beide 1964 benannten Straßen nehmen Bezug auf den Tierpark Friedrichsfelde. Der Naturwissenschaftler Alfred Brehm (1829–1884), der durch sein mehrbändiges Werk »Illustrirtes Thierleben« (1864–1869), später »Brehms Tierleben«, bekannt ist, wirkte in Hamburg als Direktor des Zoologischen Gartens und gründete und leitete das Aquarium in Berlin. Der Naturforscher Adolf Roßmäßler (1806–1867) gilt als Mitbegründer der Aquarienkunde und Verfasser vieler naturwissenschaftlicher Werke.

Die weitere Durchquerung des ganzen Areals, das sich zwischen Bahnlinie und Zwieseler- und Beerfelder Straße und auch entlang der Köpenicker Allee und Rober-Siewert-Straße erstreckt, ist ein eigener Spaziergang, der nochmals viel historisch Interessantes mit sich bringt, das durch die Einzelbeiträge im nächsten Kapitel extra hervorgehoben wird.

Für den, der seine Erkundungen in der Brehmstraße mehr in Richtung Treskowallee fortsetzen möchte, der sollte nicht schnellen Schrittes an einem stillen Wohngebiet vorübereilen, das direkt zwischen Ursula-Goetze-Straße und Treskowallee liegt. Die Häuser wurden zu

Beginn der dreißiger Jahre erbaut. Anhand der Straßennamen nach dem Karlshorster Baumeister Gregorovius, der Schulleiterin Horter, dem Förster Brasche und den aktiven Gemeindemitgliedern Seifert und Brekow kann man hier, nun fast schon Kenner von Karlshorst, ein Stück der frühen Geschichte auf sich einwirken lassen.

An der Treskowallee

Die Treskowallee, die Karlshorst etwa drei Kilometer als Hauptverkehrsader durchschneidet, beginnt im Norden im Anschluss an die Großsiedlung Friedrichsfelde-Ost mit dem Tierpark, durchläuft auf halber Strecke die Brückenunterführung am S-Bahnhof »Berlin-Karlshorst« und endet im Süden am Volkspark Wuhlheide. Als Teil des Berliner Straßennetzes verbindet sie Karlshorst mit der Innenstadt und mit den Bezirken Treptow-Köpenick und Neukölln. Der Straßenname verweist auf den namensgebenden Gutsherrn Johann Carl Sigismund von Treskow und knüpft damit an die Ursprünge von Karlshorst an. Über dreißig Jahre war der Namensgeber der Straße jedoch Hermann Duncker (1874–1960), wofür man sich vier Wochen vor dem Bau der Berliner Mauer 1961 entschieden hatte. Gefragt wurde niemand. Duncker war Mitbegründer des Spartakusbundes und 1918 der KPD, für die er umfangreiche publizistische, Lehr-, und Bildungsarbeit leistete. In der Nacht des Reichstagsbrandes 1933 verhafteten ihn die Nazis, drei Jahre saß er im Gefängnis. 1936 emigrierte er in die USA. Bis dahin hatte er mit seiner Familie seit 1924 in der Junker-Jörg-Straße 16 in Karlhorst gelebt. 1947 zurückgekehrt nach Ostdeutschland, leitete er von 1949 bis zu seinem Lebensende die Gewerkschaftshochschule »Fritz Heckert« in Bernau bei Berlin. 1992 erhielt die Straße ihre ursprüngliche Bezeichnung nach Treskow zurück. Aber nicht jeder sah Duncker als eine Persona non grata. Sein 1976 vom FDGB-Bundesvorstand und der SED-Bezirksleitung gestiftetes, überlebensgroße Bronzedenkmal von Walter Howard (1910–2005), das Duncker dozierend, mit Buch in der Hand darstellt, steht noch heute in der Grünfläche zwischen S-Bahnhof und Wandlitzstraße beziehungsweise vor dem alten Rennbahnhof. Vermutlich diente eine noch zu seinen Lebzeiten 1959 angefertigte, 50 Zentimeter große Figur, die im Märkischen Museum aufbewahrt wird, als Vorbereitung zu dem Denkmal. Schon zweimal war auf dem Vorplatz des Rennbahnhofs ein Denkmal enthüllt worden, so 1915 der »Eiserne Obelisk«, eines der vielen sogenannten Nagel-Denkmale wäh-

Treskowallee, Ecke Rheinsteinstraße, 1912/1931

rend des Ersten Weltkrieges. Gegen eine Spende wurde dort ein Nagel eingeschlagen. Die eingeworbenen Mittel dienten der Unterstützung von Hinterbliebenen und Verwundeten. Weit maßgeblicher aber war die propagandistische Wirkung auf die Menschen, die zur Kriegseuphorie beitrug. Wie hoch der Patriotismus der Karlshorster war, dafür sprechen die Nägelzahlen von 9300 eiserne zu einer Mark, 300 silberne zu drei Mark und einige goldene zu zehn Mark.[28] An gleicher Stelle wurde 1926[29] (andere Quellen geben 1936 an) die Skulptur »Die Kniende« von Karl Trumpf aufgestellt. Diese steht nun, wie oben erwähnt, umgesetzt zwischen Ehrenfels-, Andernacher- und Ingelheimer Straße, nachdem sie dem politischen Standbild Dunckers weichen musste.

Wer das Denkmal von Duncker besucht, ahnt kaum, dass auf der anderen Straßenseite neben der Rennbahn Treskowallee 115 einst das Lichtspieltheater »Favorit« den Beginn der Tonfilmära dokumentierte. Später hieß es »Capitol«, ab 1951 »Vorwärts«. Das zweigeschossige Einzelgebäude entwarf um 1930 Heinrich Möller (1879–1943), ein ausgewiesener Spezialist für Filmtheater. Auffällige Akzente setzten im Innern der kunstvolle Bühnenrahmen und das Deckenfeld mit expres-

Denkmal für Hermann Duncker, Vorplatz am Bahnhof, 2018

sionistischen Ornamenten. 1948/49 diente es als sowjetisches Truppenkino. Später, als Filmtheater »Vorwärts«, befand sich im unteren Geschoss das Tanzcafé. Durch Umbauten nicht mehr original erhalten, blieb dem Kino der Denkmalschutz verwehrt. Stark sanierungsbedürftig wurde der Komplex 1990 geschlossen und später abgerissen.

Ein erlebnisreiches Ausflugsziel stellte bereits während der Gründungszeit von Karlshorst die Rennbahn dar, deren Eingang gleich zur Linken des Bahnhofs liegt. Im Juli 1945 fand hier das erste Trabrennen im Nachkriegsdeutschland statt. Wenn auch nicht mehr in der Ausprägung wie in den Jahrzehnten zuvor, ziehen die »Trotter«, wie die Traber in Fachkreisen heißen, ihre Runden noch heute.

Zwischen S-Bahnhof und geradezu malerischer Umgebung an der Trabrennbahn entwickelt sich seit 2010 das neue Wohnviertel »Am Carlsgarten«. Zu seinem Namen trugen die Historie (Carlshorst) und das Grün des in direkter Nachbarschaft liegenden Volksparks Wuhlheide (Garten) bei. Die neuen Erschließungsstraßen wurden teils nach Frieda Rosenthal (1891–1936), der Lichtenberger Kommunalpolitikerin und Widerstandskämpferin gegen das Hitlerregime, Franz Stimming

Kino »Capitol« mit Blick auf den Bahnhof Karlshorst, 1938

(1884–1952), den Kommunalpolitiker und Bürgermeister in Berlin-Lichtenberg von Mai bis Juni 1945, Günter Riesebrodt (1911–1989), den Kommunalpolitiker und Bürgermeister in Berlin-Lichtenberg von Juni 1945 bis Oktober 1946 und Fritz Thurm (1883–1937), den Stadtverordneten und Stadtrat in Berlin-Lichtenberg, benannt. Georg und Lisbeth Stern und zwei von ihren vier Töchtern, Johanna Hofer (1896–1988) und Maria Matray (1907–1993), sowie der Schwiegersohn Fritz Kortner (1892–1970), Schauspieler und Regisseur, erhielten gleichfalls einen Straßennamen.

Wer etwas mehr Zeit hat, findet gleich nach der entlang der Treskowallee gelegenen Trabrennbahn einen schönen Verweilplatz in der Natur mit Durchgang bis zum Volks- und Waldpark Wuhlheide. Nach dem Ende des Zweiten Weltkrieges hatte die sowjetische Armee hier zwischen Rennbahn und Heidewald große Teile des Geländes als militärisches Sperrgebiet und über Jahrzehnte als Kaserne beansprucht.

In südliche Richtung, ein kurzes Stück nach dem Hegemeisterweg an der Treskowallee 210–232, erscheinen überraschend hinter einem Zaun sogar noch ruinöse Gebäude aus der Zeit der sowjetischen Nutzung. Beim zweiten Hinschauen lässt sich auf dem Terrain in einer freundlich-hellen Atmosphäre auch das neu errichtete »Haus Elisabeth«, ein diakonisches Pflege- und Seniorenheim, entdecken. Auf dem Gelände befand sich seit 1910 das Königin-Elisabeth-Hospital (damals hieß die Treskowalle noch Karlshorster Straße). Fast 50 Jahre diente dieses Krankenhaus dann nach 1945 als sowjetisches Militärkrankenhaus. Das eigentliche Hospital wurde ins Städtische Krankenhaus Herzberge verlegt. 1996 kaufte das Evangelische Diakoniewerk seine Liegenschaft zurück.

Die Treskowallee führt hier stadtauswärts bereits durch Oberschöneweide weiter nach Köpenick. Um sich von diesem »Rand« Karlshorsts zurück zum S-Bahnhof Karlshorst und in die andere Richtung zu begeben, empfiehlt sich nun die Tramlinie. Der Bahnhof wurde 1902 eröffnet, gleichzeitig entfiel der frühere »Haltepunkt Carlshorst«. Damals verliefen die Eisenbahngleise des Fern- und Vorortverkehrs noch ebenerdig über die Straße, was trotz Bahnschranken nicht ungefährlich war. Die neue Rennbahn sorgte für ein Ansteigen des Bahnverkehrs, sodass man die Bahn hochlegte, von zwei- auf viergleisig umstellte und die Brücke über die Straße baute. Für die Dammaufschüttung wurde, etwa in der Umgebung der heutigen Marksburg- und Dorotheastraße und der Karl-Egon- und Friedrichsteiner Straße, der Boden eines aus eiszeitlichen Ablagerungen gebildeten Hügels abgetragen, der sich Krähenberge nannte. Der Name leitete sich von den Vögeln ab, die tagsüber von Treptow nach Karlshorst hinüberzogen und dort auch nisteten. Von dieser fast 39 Meter über dem Meeresspiegel liegenden Erhöhung konnten die ersten Siedler von Karlshorst 1896 die Feuerwerke über der Treptower Gewerbeausstellung bestaunen.[30]

Die Entwürfe für den Bahnhof lieferte Baurat Karl Cornelius (1868–1938), die Ausführung leitete Regierungsbaumeister Waldemar Suadicani (1847–1926), die beide Architekten von mehreren Bahnhöfen in Berlin sind. Die Eingangshalle und der Bahnsteig mit den gusseisernen Säulen entsprechen heute noch dem Original. Zwei Gleise verliefen nach Erkner, 1928 eröffnete die erste elektrifizierte Strecke Potsdam-Erkner, die später S-Bahn genannt wird. Im Juli und August 1945 soll Stalin zur Potsdamer Konferenz und zurück in einem Sonderzug Karlshorst durchfahren haben. Da die S-Bahn nach dem Mauerbau 1961 nicht mehr durch West-Berlin fahren konnte, erhielt Karlshorst einen Regionalbahnsteig für den Schnellverkehr von Ost-Berlin nach Pots-

Königin-Elisabeth-Hospital, 1911

dam. Die darauf verkehrenden sogenannten »Sputnik-Züge« wurden zu einem Symbol der Berliner Teilung. Der Regionalbahnhalt ist inzwischen weggefallen. Er wurde trotz Einspruchs der Karlshorster erst kürzlich von Umstrukturierungsmaßnahmen geschluckt.

Andererseits drehte sich vieles um einen längst überfälligen Ausbau des Bahnhofs. Seit 2016 ist der Bau der neuen S-Bahnbrücke abgeschlossen, derzeit laufen noch der Teilumbau des S-Bahnhofs und des umliegenden Straßenbildes.

Neben dem Bahnhof, in unmittelbarer Nachbarschaft des Duncker-Denkmals, steht noch ein zweites, recht rustikales Bahnhofsgebäude in schlichter Holzfachwerkbauweise. Der »Rennbahnhof« wurde 1895 mit Fahrkartenschalter und einer Wartehalle als Empfangsgebäude errichtet, für das »gemeine Fußvolk«, das die neue Karlshorster Rennbahn anzog. Sieben Gleise führten später vom Blockdammweg bis fast an das Bahnhofsgebäude heran, die immer noch genutzt werden. Drei Insel- und ein Seitenbahnsteig bestehen nicht mehr. Bis etwa 1935 verkehrten hier noch Züge, danach war er lediglich eine »Gütertarifstation für Pferdesendungen«. Nach dem Zweiten Weltkrieg wickelte

Platz am Bahnhof, links der Rennbahnhof, um 1910

hier auch die sowjetische Besatzungsmacht ihre Pferdetransporte und ihren militärischen Güterverkehr ab. Jetzt war es die Güter-»Station Hippodrom«. Auch später wusste man mit dem Gebäude nichts richtig anzufangen, es diente als Lager, Werkstatt und Starkstrommeisterei. Es war bereits ziemlich verfallen, als es 1998 ein privater Investor der Deutschen Bahn erwarb, denkmalgerecht instand setzen ließ und für den Handel ausbaute. Die große Baustelle am Bahnhof sowie der Abriss und Neubau der Brücke über die Treskowallee waren unter anderen die Gründe, weshalb sich der Investor 2012 wieder zurückgezogen hat. Nach längerem Leerstand ist seit Juni 2018 die Nutzung durch ein Bio-Fachgeschäft gewährleistet. Zu dem Areal gehören außerdem auf der Rückseite des Bahnhofsgebäudes das Büro- und Geschäftshaus mit dem griechischen Restaurant »Syrtaki«, Wandlitzstraße 10, sowie das ehemalige Wohnhaus des Schrankenwärters, Wandlitzstraße 6, in dem heute die Kindertagesstätte »Kesse Früchtchen« zu Hause ist.

Ein Stück weiter lag am Halbrondell vor der heutigen Lehndorffstraße für den Besuch der Rennbahn durch die »Allerhöchsten Herrschaften« ein neunzehn Meter breiter und überkuppelter Kaiserpavil-

Kaiserpavillon, 1911

lon von 1894/95. Hier durfte nur Wilhelm II. samt Familie aussteigen. Ihr Sonderzug wurde auf einem Extra-Gleis erwartet, sie nutzten die Gelegenheit aber kaum. So diente der Pavillon eine Zeitlang beiden Konfessionen als Provisorium für Gottesdienste. Die 1909 gegründete Israelitische Vereinigung zu Karlshorst-Friedrichsfelde e. V., die zur Jüdischen Gemeinde zu Berlin gehörte und erst 1936 über eine eigene Synagoge in Oberschöneweide verfügte, mietete ihn an hohen Feiertagen ebenfalls für Gottesdienste an.[31] 1928 wurde er, inzwischen funktionslos und verwahrlost, abgetragen.

Mit dem Neubeginn auch in Karlshorst seit 1990 wurden die meisten der schon länger bestehenden Häuser sorgfältig restauriert und erstrahlen wieder in altem Glanz. Mittlerweile erinnert kaum mehr eines an jenen grauen Verputz aus den zurückliegenden DDR-Jahren, nur an wenigen Stellen drängen sich noch Spuren auf. An Neubauten im Bahnhofsumfeld entstanden beiderseits zur Dönhoffstraße hin Eckgebäude. Als Erstes wurde dafür 1995 das HO-Kaufhaus an der Treskowallee 110 abgerissen. Es wirkte schon ziemlich heruntergekommen, die Kundschaft fuhr lieber in die großen Einkaufstempel. Offenbar so gut

DDR-Kaufhaus, Treskowallee Ecke Dönhoffstraße, 1960er Jahre

es der Geschmack und die Finanzen zuließen, eröffnete stattdessen ein Geschäftshaus, das Läden, Ärzte und Büros beherbergt. Kritik blieb nicht aus, da es einen an die Architektur von Karlhorst angepassten Baustil vermissen lässt. Ein Ziel für Leseinteressierte sollte hier aber unbedingt die Buchhandlung von Petras sein, die als Familienunternehmen seit 1991 eine feste Größe in Karlshorst ist.

Gegenüber an der Treskowallee 112 wurde 2012 das privat betriebene Eckhaus eingeweiht. Die aus sozialistischer Zeit stammende marode Bausubstanz des Vorgängerbaus ließ ebenfalls nur noch den Abriss zu. Früher konnte man hier nach Herzenslust »schwofen«, erinnern sich ältere Karlshorster gern. Denn früher befand sich hier, noch aus der Karlshorster Gründerzeit stammend, das Tanz- und Vergnügungslokal »König's Festsäle«. Weiter sind hier ein Kino zu nennen, zuletzt wurde es als »Gloria-Palast« betrieben. 1945 bis 1966 verfügte die Sowjetarmee über das Gebäude als Offiziersklub. Im weiteren Verlauf war es das Kreiskulturhaus Lichtenberg, eine mit breit gefächerten Programmen und Angeboten ausgesprochen beliebte Adresse. Die Palette reichte von Musikunterricht über Ballett-, Tanz-, Zeichen- und Textilkurse.

Königs Festsäle (links im Bild) und Sport-Restaurant, 1912

Im Erdgeschoss befand sich das Restaurant »Tarnovo«. Als Kultstätte für Jazz und Dixieland galt das Haus seit den siebziger Jahren.

Gut zwanzig Jahre danach, 1989, gelang im Saal des Kulturhauses eine Unterschriftensammlung für die Bürgerbewegung »Neues Forum« und am 20. November desselben Jahres fand dort deren erste Mitgliederversammlung statt. 1989/90 tagte hier unter Beteiligung des Gründungsmitglieds der SPD/Ost, Thomas Krüger, später unter anderen Senator für Jugend und Familie (1991–1994) und seit 2000 Präsident der Bundeszentrale für politische Bildung (bpb), auch der »Runde Tisch Karlshorst«. Als dann im Zuge der sich auflösenden DDR die alte Stadtbezirksversammlung Lichtenberg zurücktreten musste, wurde bei den Kommunalwahlen am 7. Mai 1990 der Sozialdemokrat Christian Kind zum Bezirksbürgermeister gewählt. Er lebt mit seiner Familie heute in Karlshorst. In dem baufälligen Kulturhaus, das nach 1990 ein Domizil für die Lichtenberger Musikschule, für Chöre, Kulturvereine und das Zimmertheater Karlshorst war, mussten 2010 alle Aktivitäten eingestellt werden. Vor dem endgültigen Abriss übernahm das Berliner Buchstabenmuseum den großen, nunmehr historischen Leuchtschrift-

Ehemaliges Kulturhaus Karlshorst, rechts im Bild das Kaufhaus, 1980er Jahre

zug »Kreiskulturhaus«. Kulturell genutzt wird der Neubau heute durch eine Galerie im Erdgeschoss sowie einen angemieteten Saal mit Studiobühne und Foyerbar im ersten Stockwerk. Mehrheitlich haben sich aber Handelseinrichtungen und Arztpraxen etabliert. Ob die seit 2013 die Fassaden schmückenden, nun aber abblätternden sechs großformatigen Wandbilder des Lichtenberger Künstlers Christian Awe erneuert werden, bleibt abzuwarten.

Wechselt man auf die andere Seite der Treskowallee, stand ungefähr zwischen Stolzenfels- und Ehrenfelsstraße ursprünglich auch hier eines der beliebten Gartenrestaurants von Karlshorst, das »Deutsche Haus«, das im Krieg zerstört wurde. Inzwischen hat der auf dem leeren Platz errichtete deutsche Reparationsbau von 1949 eine Geschichte. Das damals fast dottergelb gestrichene, mit kyrillischem Schriftzug und rotem Stern versehene sowjetische Offizierskasino mit einem Kino und Theater- und Konzertsaal diente der in Karlshorst ansässigen sowjetischen Garnison als kulturelles Zentrum, in dem Künstler vom Bolschoi-Theater Moskau und die Peking-Oper gastierten. Nach 1990 wurde es zeitweise als »Theater des Ostens«, als Theaterverein mit

Restaurant Deutsches Haus, Spiegel-Parkett-Festsaal, 1911

Künstlern des geschlossenen Metropoltheaters und privat als »Theater am Bahnhof Karlshorst« geführt. Gegenwärtig steht der große Theatersaal leer, das denkmalgeschützte Gebäude wurde aber nach Sanierung und Umbau 2009 von der Lichtenberger Musikschule »Schostakowitsch« und einem Restaurant bezogen.

Bestandteil des Denkmalensembles ist auch das um 1925 erbaute Gebäude in der Stolzenfelsstraße 4. Bevor die Rote Armee es für Wohnzwecke nutzte, stellte sie in dem Kommandantenhaus Erlaubnisscheine für das Betreten des damaligen Sperrgebietes aus. Heute lädt das Café Paulines zum Verweilen ein.

Der umgestaltete Platz vor dem geschlossenen Theater in der Ehrenfelsstraße heißt jetzt »Johannes-Fest-Platz«. Alljährlich findet hier der traditionelle, überaus beschauliche Karlshorster Weihnachtsmarkt statt. Bei der Platzbenennung 2014 las der bekannte Schauspieler Ulrich Matthes aus dem autobiographischen Buch von Joachim Fest, dem Sohn des namensgebenden Politikers Johannes Fest, vor. Zuvor wurde in der katholischen St. Mariengemeinde in der Gundelfinger Straße eine Andacht für den Vater gegeben.

Gedenktafel, Johannes-Fest-Platz, 2018

Auch sonst wandelte sich die Treskowallee zeittypisch. So ist die Straße zwar vom Lärm der Autos und der Tram geplagt, gleichzeitig aber eine belebte Flaniermeile, gesäumt von einer Menge Geschäfte und gastronomischer Einrichtungen. Wer hier weiter geradeaus wandert, läuft auch an früheren Botschaften in der DDR vorbei. Karlshorst war einer der vier staatlicherseits festgelegten Botschaftsstandorte in Ost-Berlin.[32] Aufeinander folgend handelte es sich bei der Nummer 92 um China, Albanien, Chile, zuletzt bis 1976 um Zaire, und bei der Nummer 89, ab 1969 in der Nummer 125, um Vietnam. In der Nummer 26, Ecke Hönower Weg, trifft man auf das Wohn- und Geschäftshaus, in dem ein Laden Mountainbikes anpreist und dem man ebenfalls den früheren Botschaftssitz von China, Iran, Mexiko und in den letzten Jahren der DDR der scharf bewachten Vertretung Libyens[33] nicht mehr ansieht.

Sollte sich zwischendurch Fußmüdigkeit einstellen, so gibt es die Möglichkeit, sich in »Wernesgrüner B« in der Treskowallee Ecke Marksburgstraße zu stärken, einem alten Lokal, das inzwischen Kultstatus erlangt hat. Insider nennen es kurz nur das »Werni« und kennen es noch unter dem Namen »Wernesgrüner Bierstube«. Einst befand sich hier das »Restaurant Waldkater«.

Dort, wo die Treskowallee in den Römerweg einbiegt, erinnert nach nur wenigen Metern in der Nummer 40 eine am Haus installierte Tafel an den Sozialdemokraten Siegfried Berger (1918–2002), einen Berliner Streikführer des 17. Juni 1953, der hier 1951 bis 1953 wohnte. Nach seiner Verhaftung verurteilte ihn ein sowjetisches Militärtribunal zu sieben Jahren Arbeitslager. Die Verhandlungen der Bundesregierung in Moskau um die Freilassung der Kriegsgefangenen und SMT-Verurteilten führten 1955 zu seiner Rückkehr aus Workuta. Entlassen wurde er nach Westberlin. Der Versuch der Staatssicherheit, die inzwischen auch über seine Tätigkeit für das Ost-Büro der SPD Bescheid wusste, ihn in die DDR zu locken, scheiterte, weil in Ost-Berlin sein Vater nicht mitmachte. So blieb ihm eine erneute Haft erspart. 1996 wurde Berger rehabilitiert.

Eine andere Erinnerungstafel, Römerweg 38a, verweist darauf, dass hier von 1950 bis 1973 Robert Siewert in Karlshorst wohnte und wirkte. Die wenig aussagekräftige Information irritiert etwas, denn wie mehrfach in Karlshorst, geht es vor allem um einen kommunistischen Widerstandskämpfer und Verfolgten im Nationalsozialismus.

Das am Römerweg 30–32 anliegende Gymnasium erhielt nach Hans und Hilde Coppi, den Widerstandskämpfern im Zweiten Weltkrieg und Mitgliedern der Roten Kapelle, einen ehrenvollen Namen. Er wurde der damaligen Oberschule schon 1958 verliehen. An beide erinnerte eine Gedenktafel, eine Büste von Hans Coppi befand sich im Foyer. Als 1991/92 alle Schulen der ehemaligen DDR ihren Namen ablegen mussten, entschieden sich die Schüler nach einem langen Entscheidungsprozess für seine Beibehaltung. Die heute modernisierte Bildungseinrichtung ist ein Ensemble aus drei Bauepochen, das unter Denkmalschutz. steht. Sie wurde 1937 nach einem Entwurf von Friedrich Hennings (1872–nach 1937) als Gemeindeschule eröffnet; 1963 erhielt sie einen Erweiterungsbau. Die Sporthalle von 1937 wurde 2013 durch einen Brand vollständig zerstört und neu gebaut.

Der Gang entlang der Treskowallee soll mit einer besonderen Historie zum Abschluss gebracht werden. Bevor die Magistrale langsam in die Straße Am Tierpark übergeht, erregt ein eindrucksvoller Gebäudekomplex aus der Kaiserzeit die Aufmerksamkeit. Hier liegt der Campus der Hochschule für Technik und Wirtschaft (HTW) für Studierende in den Bereichen Technik, Informatik, Wirtschaft, Kultur und Gestaltung. Ein zweiter Campus befindet sich in Berlin-Oberschöneweide. Die Hochschule hat seit 2010 drei Standorte weniger als anfangs die Fachhochschule (FHTW).

Die Schulanlage hat schon einige Zeit hinter sich. 1914 wurde sie als Kant-Realgymnasium mit Lyzeum eingeweiht, der zweite Bauteil der Höheren Schule um die Ecke am Römerweg war 1920 fertig. Das neoklassizistische, dreigeschossige Hauptgebäude an der Treskowallee fällt mit seiner wohlgegliederten Fassade besonders auf. Allein die Porträtreliefs von Geistesschaffenden und Wissenschaftlern der Kulturepochen über dem Haupteingang verleihen ihm einen ganz eigenen Charakter. Dazu gehören Martin Luther, Friedrich Schiller, Johann Wolfgang von Goethe, Immanuel Kant, Lorenz von Stein, Carl Friedrich Gauß und Hermann von Helmholtz.

Nach 1945 wurde die Schule für die Nutzung durch die Sowjetische Militäradministration verlegt. Zu DDR-Zeiten dem DDR-Ministerrat unterstellt, diente der Komplex seit Oktober 1950 als Domizil der nach sowjetischem Vorbild gegründeten Hochschule für Planökonomie, der späteren Hochschule für Ökonomie (HfÖ) »Bruno Leuschner«. Als erste Rektorin war hier von 1950 bis 1956 Eva Altmann (1903–1991) tätig, als letzte von 1988 bis 1990 Christa Luft (geboren 1938), anschließend unter der Modrow-Regierung die Wirtschaftsministerin der DDR und von 1994 bis 2002 Mitglied des Deutschen Bundestages für die Linkspartei PDS.

Nicht zu Unrecht haftete der Hochschule der Nimbus der »Kaderschmiede« für die volkseigene Wirtschaft und zentrale Planung der DDR an. Tausende Studenten wurden im Direkt- oder Fernstudium ausgebildet. Am Römerweg dehnte sich die Anlage in den fünfziger Jahren durch das Audimaxgebäude mit Mensa von Hanns Hopp (1870–1971) und durch neue, auch noch in den siebziger Jahren entstandene Wohnheime für Studenten weiter aus. Dass im Innenhof der Hochschule erhaltene bronzene Denkmal »Nikos Beloyannis« von René Graetz (1908–1974) aus dem Jahre 1956 wurde in der Kunst- und Glockengießerei Lauchhammer gegossen. Es zeigt einen aufrechtstehenden, aber gefesselten Mann. Der führende griechische Kommunist Nikos Beloyannis (1915–1952) wurde trotz internationaler Proteste und Gnadengesuche, darunter Charlie Chaplins, Jean-Paul Sartres und General de Gaulles, mit drei anderen griechischen Kommunisten zum

Höhere Schule (spätere Hochschule für Ökonomie), 1920

Tode verurteilt und in einer nächtlichen Geheimaktion hingerichtet. Weltweit, vor allem aber in Ländern des Ostblocks, war er eine Legende für die kommunistische Bewegung und eine Symbolfigur für den Widerstand. Als literarische Gestalt verewigte ihn in der DDR Franz Fühmann 1953 in seinem Gedichtband »Die Nelke Nikos«. Zu nennen ist weiterhin die überlebensgroße Gruppenplastik »Jugend der Welt« von Senta Baldamus (1920–2001) aus dem Jahre 1982 auf einer Grünfläche vor dem ehemaligen Studentenwohnheim an der Treskowallee, Ecke Römerweg, die auch als »Solidarität« oder »Völkerfreundschaft« bezeichnet wird. Die fünf jungen, sehr schlanken Menschen in typischer Kleidung stehen symbolisch für die Kontinente der Erde und für Studenten von dort, die damals in Karlshorst ein Studium absolvierten.

Am 27. September 1990 versammelten sich in der Aula der Hochschule über hundert Karlshorster und gründeten den bis heute tatkräftigen »Bürgerverein Berlin-Karlshorst«. Ein Jahr später kam das Ende für die Hochschule, sie wurde ohne Rechtsnachfolger auf Beschluss der Berliner Landesregierung aufgelöst. Die Studentenunterkünfte übernahm das Studentenwerk Berlin. Danach blieben sie jahrelang ungenutzt, bis 2013/15 zwischen Römerweg, Hönower Straße und Cäsarstraße die HOWOGE Wohnungsbaugesellschaft mbH die neue Wohnanlage »Treskowhöfe« baute. Einzig das ehemalige Wohnheim an der Treskowallee blieb als modernisierte Wohnzeile erhalten, wie auch das ehemals hochschuleigene Ambulatorium im Römerweg als öffentliches Ärztehaus.

Die Bauarbeiten waren schon zügig im Gange, da stieß man in den Baugruben auf Kulturschichten aus der Frühzeit, die zahlreiches Fundgut bargen, darunter Feuersteinartefakte und Keramikscherben. Die Archäologen datieren diese auf um 850 v. Chr. (späte Bronzezeit). Vermutlich würden sich im breiteren Umfeld weitere Relikte entdecken lassen. Schon 1895 gab es dafür bei einem Hausbau in der Dönhoffstraße 16a einen Anhaltspunkt. Entdeckt wurde ein Einzelgrab mit einer einhenkligen Graburne aus dem 2. Jh. n. Chr. (frühe Römische Kaiserzeit). Das aus Ton gebrannte Gefäß enthielt neben Leichenbrandresten auch zwei gleichgestaltete, drei Zentimeter lange Kniefibeln (Gewandnadeln) aus Bronze.[34] Alle drei geschichtlichen Zeugnisse sind erhalten und gehören zur frühgeschichtlichen Sammlung der Staatlichen Museen zu Berlin.[35]

Sehen und gesehen werden – die Trabrennbahn

Ortsgeographisch liegen jenseits der Treskowallee 119–159 der Pferdesportpark Berlin-Karlshorst mit der Trabrennbahn. Karlshorst und Pferderennen – beides gehört seit Kaiserzeiten zusammen und spielte hier schon eine Rolle, als noch keiner an das richtige Karlshorst dachte. Nicht von ungefähr verlegte 1893 der »Verein für Hindernisrennen« seine Rennbahn von Charlottenburg-Westend an den östlichen Rand von Berlin und verfolgte hier hochgesteckte Ziele. Der alte Pachtvertrag war ausgelaufen, auch reizte Karlshorst durch seine Wald- und Wasserlage und erste Parzellierungspläne für die Erschließung der Kolonie taten ein Übriges. Laut Gründungsüberlieferung wurden Sigismund von Treskow, selbst Mitglied des Vereins, 300 Morgen von seinem Land in der Wuhlheide abgekauft, veräußert für den Preis von 500.000 (Gold-) Mark an den Verein. Zwischen Bahntrasse, Rohrlake und Wuhlheide sollte die »schönste und mustergültigste Hindernisbahn Deutschlands« entstehen, eine Hoffnung, die auch nicht enttäuscht wurde. Nach einer kurzen Bauzeit bekam die Öffentlichkeit die Anlage offiziell am 6. Mai 1894 zu sehen. Am 9. Mai, an einem sonnigen Mittwoch, startete das erste Rennen. Gerade rechtzeitig war die Haltestelle der Eisenbahn eröffnet worden. Es wurde ein wahres Massenspektakel, »eine reine Völkerwanderung, die zu Wagen, per Dampfschiff und mit der Eisenbahn auf allen möglichen Wegen nach der Wuhlheide wallte. ... Logen und reservierte Plätze waren seit Tagen ausverkauft.«[36] 1894 waren schon 20 Renntage[37] anberaumt. Im folgenden Jahr konnten die zahlreichen Besucher schon viel bequemer über den neuen Rennbahnhof anreisen.

Für Karlshorst war die Pferderennbahn ein ausgesprochener Gewinn, weil sie deutschlandweit bekannt wurde. An ihrer baulichen Entwicklung hatten die Architekten Johannes Lange (Hochbauten), Martin Haller (Sporttechnik) und leitend Rudolph Jürgens (Landschaftsplanung) entscheidenden Anteil.

Rudolph Jürgens (1850–1930), ein gefragter deutscher Gartenarchitekt und -ingenieur aus Altona bei Hamburg, konzipierte die Anlage. Karlshorst war zwar die größte, aber nicht seine erste, in die er seine in England gesammelten Erfahrungen einbrachte. Die Nobel-Bahnen von Sandown, Goodwood, Kempton Park und auch Ascot dienten ihm als Vorbilder.[38] Sie prägten seinen Stil bei der Formung des unebenen Karlshorster Geländes als auch bei der naturnahen Gestaltung der Galoppbahnen und rennmäßigen Hindernisse und Hürden für die Hoch- und Breitsprünge der Pferde sowie bei der Gesamtanlage in eine Parklandschaft. Der Parcours maß eine Länge von 3000 Metern. In einem Abstand von etwa 50 Meter rahmten ihn im Halbkreis die verschiedenen Bauten. Wer von hier aufs weiträumige Rennfeld blickte, übersah die gesamte Laufstrecke der Pferde. Es ist darauf geachtet worden, dass die untergehende Sonne im Rücken der Besucher stand, die Sicht auf die Bahn also nicht beeinträchtigte,.

Details über das Mitwirken des Architekten Martin Haller (1835–1925) liegen nicht vor, hervorzuheben ist aber, dass er vom sporttechnischen Standpunkt aus für die Hochbauten zuständig war. Er arbeitete mit Rudolph Jürgens nicht zum ersten Mal zusammen. Sein Werkverzeichnis weist ebenfalls eine Vielzahl an Bauten auf, davon allein in seiner Heimatstadt Hamburg über 500, und er verfügte auch über Konstruktionserfahrungen für Hochbauten auf Rennbahnen.

Es mag überraschen, doch über Johannes Lange ist weder Geburts- noch Sterbedatum und kaum Biographisches überliefert. Durch seine

Rennbahn Karlshorst mit Tribüne und Kaiserpavillon, 1913

gelungenen, überwiegend im altnorwegischen Holzbaustil errichteten Bauten in Karlshorst lässt er sich aber gut wiederentdecken. Seine Entwürfe setzte er in drei Hauptgruppen um: Kaiserpavillon mit Damenpavillon und Teehaus (im Ganzen genannt »der Kaiserbau«), große Zuschauertribüne, Vereinstribüne, Waagegebäude mit Tribüne und Büfett, Totalisator sowie eine weitere Zuschauerbühne mit Remise und, drittens, das Maschinenhaus. Ferner entstand von seiner Hand an dem zweiten künstlich angelegten See auf dem Rennbahngelände das große »Restaurant am See«. Daneben lag der südliche Zugang zur Rennbahn, der »Schöneweider« Eingang, ein aufragendes Holztor, später mehrfach umgebaut, heute nur noch eine Autoeinfahrt.

Von den eindrucksvollen Gebäuden ist vieles verloren, auch der dreiteilige Kaiserbau. Auf der Großen Berliner Kunstausstellung 1895 verkörperte das mit Türmchen, Balustraden und Wimpeln geschmückte Ensemble einen Bautyp, dessen Gestaltung viel Wertschätzung fand. Den Kern des Kaiserpavillons bildete ein quadratischer Raum, zu beiden Seiten mit Loggien für das Gefolge des Kaisers, mit Nebenräumen, Treppen und Veranda. Eingepasst in das Kaiserzimmer war Mobiliar in

Rennbahn Karlshorst, Hauptzugang Treskowallee, 1930

altnorwegischen Stilformen, die Wände umzogen Täfelungen und Gobelinmalerei auf Leinwand, darüber erhob sich eine dekorative Holzdecke. Sowohl außen als auch im Inneren wurde für das Holzwerk lasierte amerikanische Zypresse eingesetzt.

In den folgenden Jahren erfuhr die Hindernisbahn Umbauten und Erweiterungen, so 1911/12 durch die Eingangsbauwerke. Wie der »Schöneweider« Zugang veränderte sich später auch der nördliche Eingang mit Kassentrakt an der Treskowallee neben dem Bahnhof. Heute zeigt er sich mit dem Mosaikbild eines Sulkyfahrers, also ohne das frühere Logo des Vereins für Hindernisse und einiger Jugendstilelemente. 1920 ging in der Verlängerten Waldowallee eine Trainieranstalt in Betrieb, nach 1928 ein Rundstall und weitere Stallanlagen. 1934 wurden die 63 Meter lange und 17 Meter hohe erste große Zuschauerbühne und die Vereinsbühne von Johannes Lange abgerissen. Die Nachfolgetribüne ein Jahr später stammt von dem Erbauer des Berliner Funkturms Heinrich Straumer (1876–1937). Mit 95 Meter Länge, 32 Meter Tiefe und rund 2300 Sitzplätzen leistet sie noch heute gute Dienste. Das Innere war mit Gastronomie, Clubräumen und Wetthalle ausgebaut.

Bis zum Kriegsausbruch 1914 erlebte die Rennbahn als Herrenreiter-Hochburg eine glanzvolle Ära. Als der Krieg nach den Preußen-Offizieren verlangte, beherrschten zunehmend Berufsreiter die Szene. Vorab lief am 26. Oktober 1913 das erste Schmidt-Pauli-Jagdrennen, bei dem zwischen Großer Tribüne und Damenpavillon der Schmidt-Pauli-Obelisk mit den Namen aller großen Rennsieger enthüllt wurde. Der zum Denkmal gehörende Namensgeber starb wenige Monate nach der Einweihung. Der spitz zulaufende Andenkenstein war von erheblichem Ausmaß. Die Nazis sollen ihn vergraben haben, Stücke davon wurden bei Bauarbeiten 2005 gefunden und wieder aufgestellt.[39] Der Verein für Hindernisrennen verdankte Florentin von Schmidt-Pauli (1850–1914), der ein leidenschaftlicher Reiter war, sein Bestehen. Er leitete die Geschicke des Vereins als erster Sekretär, zuletzt als sein Präsident, und er war Initiator und Ideengeber der Bahnen in Charlottenburg und Karlshorst. »Beide Anlagen waren sein Werk, wurden nach seinen Plänen und ohne Übertreibungen zuwege gebracht«, würdigte die »Sport-Welt« seine Verdienste 1914 in einem Nachruf für ihn.[40]

1919 wurde das »Helden«-Gedächtnis-Rennen eingeführt. 22 Berufs- und 139 Herrenreiter waren im Krieg gefallen, wodurch sie nach damaliger Auffassung zu Helden gemacht wurden. Zumindest sollen sie nicht vergessen sein, für die Nachwelt auch in der Wahrnehmung als Mahnmal gegen jegliche Kriegsverherrlichung. Der Berliner Bildhauer Willibald Fritsch (1876–1948) schuf für diese, aus pazifistischer Sicht, Opfer des Krieges das etwa 5,7 Meter hohe Reiterstandbild auf der Rennbahn. Es zeigt einen auf einem schreitenden Pferd ohne Zaum und Sattel sitzenden unbekleideten männlichen Reiter auf hohem, leicht gestuftem Rechtecksockel aus Steinblöcken. Am 16. Juni 1924 legte der Verein für Hindernisrennen den Grundstein, Paul von Hindenburg, der Reichspräsident der Weimarer Republik, enthüllte es am 23. September 1925. Fritsch wählte für das Abbild des Pferdes den edlen Vollblüter »Rosenritter«. Sein Stammbaum reicht zurück bis ins Jahr 1680. Modell für die Plastik des Jünglings war Rittmeister Christoph-Joachim (Achim) von Platen (1880–1940), der Schwiegersohn des Pächters der Rennbahnwirtschaft.[41] Am unteren Sockelkörper wurden die Namen der Toten verewigt. Zwei Medaillons im oberen Sockelabschnitt tragen die Inschriften »UNSEREN GEFALLENEN HELDEN« und »GEWIDMET VON IHREN FREUNDEN«. Wohl nicht zuletzt aus politischen Gründen wurden Anfang der siebziger Jahre die Eingravie-

Reiterstandbild, 2018

rungen der Namen weitgehend unkenntlich gemacht. Seit 2007 ist das Denkmal restauriert. Unweit davon kann der kleine Gedenkstein für das Rennpferd König Midas (1918–1924) leicht übersehen werden, der nach dessen Ableben aufgestellt wurde. Das Pferd errang auf verschiedenen Rennbahnen bedeutende Siege, lief aber in Karlshorst selbst kein einziges Rennen.

Und schließlich, was wäre ein Pferderennen wohl ohne Wetten? Im Pferderennsport hängt alles damit, beziehungsweise mit dem vermeintlich schnellen Geld beim Wetten, zusammen. Basierend auf dem neuen Rennwettgesetz wurden auf den billigen Plätzen ab 1905 Wettmaschinen eingeführt. In den Jahren 1920/21 hat auch Max Klante seine Spuren hinterlassen. Der windige Wettschwindler war fast eine Institution für das Wettgeschäft in Karlshorst. Mit Jockeys in blauen Uniformen mit gelben Schnüren liefen auch drei Rennpferde unter seinem Namen.[42] Doch die glamourösen Jahre waren für ihn schnell wieder vorbei. Untergegangen ist sein Name aber, zumindest für die Legendenschreiber, jedoch nicht.

Doch auch herausragende Rennereignisse, prominente Besucher, die Namen der erfolgreichsten Herren- und Berufsreiter, ihre Pferde, und später die Traber, waren immer wieder in aller Munde. Ein Ereignis war auch die in Deutschland erstmalige Live-Übertragung eines Renngeschehens am 6. April 1926 anlässlich des Osterpreises auf der Rennbahn Karlshorst mit dem Herrenreiter Hans von Keller als Kommentator des Geschehens.

Eines der letzten größeren Rennen vor dem Zweiten Weltkrieg war der »Tag des Heeres« am 9. Juli 1939. In den Kriegsjahren gab es reduziert noch Renntage, das letzte im September 1944. Eine Zäsur in der Geschichte der Rennbahn waren in den letzten Kriegstagen die Zerstörungen bei den verheerenden Bombenangriffen auf Berlin. Doch schon am 1. Juli 1945 wurde durch die besondere Unterstützung des sowjetischen Stadtkommandanten Bersarin das erste Trabrennen im Nachkriegsdeutschland ausgetragen. Granat- und Bombentrichter mussten beseitigt werden. Mit den ausgezehrten Trottern gingen dann sieben Rennen über die behelfsmäßig hergerichtete Grasbahn. Wieder zog es Zehntausende nach Karlshorst. Hans Malik (1921–1995), der sich von 1936 bis beinahe zu seinem letzten Atemzuge dem Trabrennsport gewidmet hatte, entschied mit seinem abgemagerten dreijährigen hellbraunen Hengst Dedy die Premiere an diesem Tag klar für sich.[43]

Es war der Beginn der bekannten und einzigen Trabrennbahn der DDR, die aus der Hindernisbahn hervorging. Wie alle Rennbahnen in der ehemaligen DDR wurde sie als volkseigener Betrieb geführt, zuletzt seit 1988 in der Zuordnung zum Kombinat Tierzucht Paretz. Für den Pferdesport bedeuteten die Trabrennen eine neue Ausrichtung. Im Unterschied zu den Hindernis- und Galopprennen saßen die Jockeys nicht mehr auf dem Pferd, sondern in kleinen Wagen, den sogenannten Sulkys. Ganz altmodisch ließen sich von dem Hufeklappern viele Sportbegeisterte faszinieren, die Sitzplätze waren fast immer ausverkauft. Jährlich wurden 90 bis 93 Renntage ausgetragen. Damals gab es sogar Qualifikationsrennen für die Weltmeisterschaften. In den fünfziger Jahren hielt beispielsweise auch das Grasbahnrennen im Motorsport Einzug, Reit und Springturniere und Windhundrennen folgten in den Sechzigern. Flächenmäßig wurde der Ausgangsort erweitert und erforderliche Umbauten vorgenommen. Das Geläuf wurde verändert, hinzu kamen der Zielrichterturm, Pferdeställe und mehrere Verwaltungsgebäude. In den siebziger und achtziger Jahren entschied man den Abriss des Kaiserpavillons, der Damenseparees und des Teehauses sowie von zwei Tribünen, die Bauschäden aufwiesen.

Trabrennbahn, 1950er Jahre

Ende 1989 standen in der Wuhlheide 500 Pferde. Gut acht Monate später zogen die edlen Traber am 12. August zum letzten Mal in der DDR über die Bahnen. Das geteilte Deutschland war im Oktober wieder ein Land, im Großen wie im Kleinen veränderte sich alles. Allmählich begannen sich die allgegenwärtigen Probleme der deutschen Rennbahnen anzukündigen, die sich keineswegs auf Ostdeutschland beziehungsweise Karlshorst beschränkten. Das Interesse am Trabrennen erlahmte stetig und Geld fehlte an allen Ecken und Enden. Ein Teil des Geländes wurde verkauft. Wo ehemals Pferdeställe lagen, stehen inzwischen Eigenheime, wie jene »Am Carlsgarten«.

Was den Wandel der Zeiten gleichfalls recht deutlich macht, ist der vereinsbetriebene Pferdesportpark Berlin-Karlshorst, der nach Jahren wechselnder Pachtverhältnisse, Zuständigkeiten und Rennpausen seit 2003 einen Teil der Trabrennbahn Karlshorst als Austragungsstätte von Rennen und sportliches Highlight aufrecht hält. 2013 fand hier die Islandpferde-Weltmeisterschaft statt. Einbezogen werden auch andere Großveranstaltungen. In jedem Jahr finden drei Tage lang die Deutsch-Russischen Festtage statt, zu denen viele Tausend Besucher kommen.

Beim Auftakt im Jahre 2007 fand der Vergleich mit dem Drushba-Fest aus DDR-Zeiten viel Beifall. Das eine muss sich auch nicht vom anderen unterscheiden, weil es um Verbindendes, nicht mehr um Politik geht. Auf dem Pferdesportgelände steht bei den Feierlichkeiten alles im Zeichen der deutsch-russischen Freundschaft und es herrscht reger Rennbahnbetrieb. Mit dem Nikolaj-Bersarin-Erinnerungsrennen ist auch ein Klassiker darunter. Es wurde 1949 ins Programm aufgenommen und in der DDR bis 1989, vor allem von sowjetischen Pferden und Sulkypiloten beherrscht, ausgetragen.

Doch nicht nur der Pferdesport und andere Ereignisse, auch die unter Denkmalschutz stehenden unverwechselbaren Bauwerke und allen voran der nördliche Eingangsbereich, Waagegebäude, Tribüne, Rundstall, Zielrichterturm und Reiterstandbild sind eng mit dem Pferdesportpark verwoben. Trotzdem sich nicht mehr alle architektonischen Schmuckstücke aus den Anfangszeiten der Hindernisbahn erhalten haben, lohnt sich schon insofern ein Besuch.

Zum Friedhof und durch den Friedhof

Von der Treskowallee geht es weiter über den Gregorovius- oder den Brasche- und Horterweg, die in die Robert-Siewert-Straße einbiegen. Vorbei am Blumenladen »Vergißmeinnicht« öffnet sich in Richtung Robert-Siewert-Straße 57–67 in ruhiger Landschaftlichkeit der Karlshorster und Neue Friedrichsfelder Friedhof. Zwischen den Garten- und Hofseiten der Häuser der Ursula-Goetze-Straße und der Brehm- und Roßmäßler-Straße umschließt er eine Fläche von 7,7 Hektar. An seinem nördlichen Ende blickt man über den schmalen Richard-Kolkwitz-Weg auf die U-Bahnstrecke. Das Ensemble steht unter Denkmalschutz, ist der Evangelischen Paul-Gerhardt-Kirchengemeinde Lichtenberg in Karlshorst unterstellt und wird vom Evangelischen Friedhofsverband Berlin Süd-Ost verwaltet.

Einen Anfang machte 1902 ein in der »Bauernheide« angelegter Friedrichsfelder Begräbnisplatz. Damals befanden sich in Deutschland Friedhöfe und das damit verbundene Bestattungswesen fast ausschließlich in den Händen der Kirchen verschiedener christlicher Konfessionen. Für eine Grabstelle hatten evangelische Christen 140 Mark zu zahlen, sonst aber die doppelte Summe. Erst als die evangelische

Kirchengemeinde Karlshorst 1906 ihre Selbständigkeit von Friedrichsfelde erhielt, übernahm sie den Friedhof und erweiterte ihn 1908 um eine zweite Anlage. Beide bilden seitdem eine Einheit. Die vielen Grabstellen liegen unter Laub- und Nadelbäumen, so wie der Landschaftsgärtner August Fehr den Friedhof gestaltet hat. In einem stillen Winkel werden zum Erstaunen mancher am Ende des Areals auch Tiere verabschiedet. Den Tierfriedhof »Im Wiesengrund« gibt es seit 2007 auf einer entwidmeten und nicht mehr genutzten Fläche. Der Friedhof ist auch ein Ort, der Pflanzen und Tieren wichtigen Lebensraum bietet. Eine 120 Jahre alte, 25 Meter hohe Douglasie und ein seltener immergrüner Busch des Gemeinen Efeus südlich der Kapelle stehen unter Naturschutz. Wo abseits der Gräber keine Wege mehr verlaufen, sind in einem geschützten Biotop Vögel, darunter Nachtigallen, heimisch geworden.

Gleich am Hauptzugangstor trifft man auf das »Haus der Begegnung« mit dem »Garten der Begegnung« und einem Teich mit Zufluss, der den Kreis des Lebens symbolisieren soll. Durch das Grün von Bäumen zeichnet sich von hier der rote Backstein der neugotischen Kapelle ab, die Hauptallee führt direkt auf sie zu. Sie entstand 1904/05 nach einem Entwurf des Berliner Baumeisters Johannes Ernst. Für die Innenausstattung wurden Einzelstücke aus dem früheren Kaiserpavillon an der Lehndorffstraße verwendet. Weiteres ging durch Stiftungen von einzelnen Familien in der Gemeinde aus – etwa 1909 eine Kopie der Pietà von Arnold Böcklin (1827–1901) und um 1930 die Skulptur »Segnender Christus« (auch »Christus der Tröster«) von Bertel Thorvaldsen (1770–1844). Zu einem nicht mehr feststellbaren Zeitpunkt schenkte auch der Karlshorster Porträtmaler Philipp der Kapelle das Bild »Engel mit Kreuz«, das sich noch über dem Eingangsbereich hinter einer Blende befindet.

Auf dem Friedhof befinden sich bis in die heutige Zeit viele Grabstätten familiären Gedenkens. Manche der hier verewigten Namen sind berühmt durch ihr Wirken zu Lebzeiten. Und sie sind vertraut, weil sie auf wichtige Kapitel aus der Geschichte von Karlshorst, des Werdens und Wachsens der Gemeinde und darüber hinaus verweisen. Dieselben Namen findet man manchmal in Karlshorst und Lichtenberg auf Straßenschildern und Gedenk- und Erinnerungstafeln. Wer die Gräber aufsuchen möchte, sollte vorher den Lageplan am Eingang des Friedhofes studieren. Empfehlenswert ist auch die Ausstellung vor der Kapelle und im Verwaltungsgebäude. Manche in Stein gravierte Inschriften sind unter Efeu auch verwischt. Allerdings blieben nicht alle Gräber bis in die Gegenwart erhalten. Damit die Toten nach Ablauf der Ruhefrist nicht völlig der Vergessenheit anheim fallen, sind sie im Friedhofsregister eingetragen. Hier sind die Witwen Henriette Lehmann und Wilhelmine Riebe 1903 und 1910 als die ersten Beigesetzten registriert. Wer die Frau mit dem klangvollen Namen Wilhelmine von Knobelsdorf(f) einst war, das weiß heute niemand mehr, außer dass sie einer Seitenlinie des Kaiserhauses angehört haben soll. Ihr Grab zierte ein überlebensgroßer Marmorengel. Heute gilt die Grabstelle der Familie Wilhelm und Emilie Krüger als älteste noch erhaltene auf dem Friedhof.

Bemerkenswert sind im näheren Umkreis der Kapelle zwei künstlerisch aufwendige Grabdenkmale mit historischem Hintergrund, die nicht zu übersehen sind. Die altansässige Friedrichsfelder Familie von Paul Lange (1853–1921) war durch Landverkäufe und Investitionen am Aufbau von Karlshorst beteiligt und betrieb in der Treskowallee das Restaurant »Rheinischer Hof«. Ihr Erbbegräbnis soll einst 20.000 Goldmark gekostet haben. Die Grabanlage für den Baumeister von Karlshorst, Oskar Gregorovius (1845–1913), und seine Familie wurde von Heinrich Wolf (1868 – vermutlich nach 1915) gestaltet.

Gegenüber erhebt sich ein schlichtes Kreuz, wo der erste Pfarrer dieser Gemeinde, Paul Ehrhardt (1869–1941), seine letzte Ruhestätte fand. Er hatte am Prozess der Gemeindebildung wesentlichen Anteil. In seine frühe Amtszeit fiel der Bau der evangelischen Kirche in der Weseler Straße. Außer ihm wurden noch weitere Karlshorster Pfarrer beigesetzt, so Martin Voelkel (1884–1950). Am Hauptweg gelegen ist das Grab des Pfarrers Joachim Rißmann (1936–2005). Über zwanzig Jahre leitete er seit 1976 zudem den Kirchenkreis Lichtenberg als Superintendent und brachte sein theologisches Können in besonderer Weise auch in das Gemeindeleben in Karlshorst ein. Er hatte intensive Kontakte unter anderem zu osteuropäischen Ländern, zu Kasachstan, sowie zu Israel aufgebaut und unterhalten. In den letzten Jahren bemühte er sich vornehmlich um die Realisierung des Evangelischen Seniorenwohnsitzes Karlshorst in der Eginhardstraße 7–11, der 2003 eingeweiht werden konnte und heute, wie auch das Friedhofssozialgebäude, seinen Namen trägt.

Die meisten Grabstellen der heute oder ehemals Gerühmten befinden sich allerdings verteilt in den einzelnen Gräberkarrees, zu deren

Betrachtung ein Gang über den gesamten Friedhof erforderlich ist. Ohne Bedeutungsunterschied und Anspruch auf Vollständigkeit sollen einige Namen hervorgehoben werden.

Das zeitlich früheste Todesdatum beginnt mit Hermann Graebke (1833–1909), der als märkischer Heimatdichter bekannt wurde.

Julius Beaurepaire (1853–1909) gilt als Erfinder des Magnesium-Blitzlichtes[44], worüber es eine Patentschrift gibt. Es handelte sich dabei um ein Gemisch aus Aluminium oder Magnesiumpulver. Der Blitz wurde durch Verbrennung von Magnesium erzeugt. Heute verwendet man Elektronenblitzgeräte.

Georg Knorr (1859–1911), der Erfinder der Knorr-Bremse, leistete bleibende Beiträge zur Erforschung der Bremstechnik. Er liegt in einem Familiengrab.

Das Schicksal von Dr. Otto Draeger (1880–1915) war tragisch, der seit 1912 erste Direktor des Karlshorster Lyzeums fiel 35-jährig als Oberleutnant im Ersten Weltkrieg.

Johannes Weiland (1871–1928), der Oberpostdirektor im Reichs-Postamt Berlin, ging als Schöpfer des modernen Postscheckamtes in die Geschichte ein. Gesetzlich geregelt wurde das Postscheckwesen erst durch das Postscheckgesetz vom 26. März 1914. Weiland verfasste die Textausgabe. Sein Ehrengrab wird von der Interessengemeinschaft Historische Friedhöfe Berlin gepflegt.

Oberturnlehrer Hermann Röcke (1871–1938) lehrte nach der Methode von »Turnvater« Jahn. Auf seinem Grabstein ist das Turnerkreuz abgebildet, das sich von dem Wahlspruch der Turner »Frisch, frei, fröhlich, fromm« zum heute gebräuchlichen »Frisch, fromm, fröhlich, frei« ableitet.

Franz Ungewitter (1864–1939) war 1907 bis 1920 Bürgermeister von Friedrichsfelde und Karlshorst, nach 1920 Ortsteilbürgermeister im neuen Berliner Bezirk Lichtenberg. Er wohnte in Karlshorst und machte sich sehr verdient um den Ortsausbau.

Näheres über den Komponisten Paul Noack-Ihlenfeld (1902–1962) findet sich im Kapitel »Prinzenviertel, Seenviertel, Rödelviertel«. Auf den internationalen Schachmeister des Schachweltverbandes und Schachschriftsteller Kurt Richter (1900–1969) wird im Kapitel »Heimatviertel, Wagnerviertel, Sagenviertel« eingegangen.

Der Schachspieler und Schachjournalist Werner Golz (1933–1974) gehörte von 1957 bis 1970 der Nationalmannschaft Schach der DDR an.

Insgesamt bestritt er 63 Partien, von denen er 23 gewann, 28 remisierte und nur zwölf verlor. Für den »Deutschen Schachverband der DDR« (DSV) war er lange Zeit Nationaltrainer der Blinden- und Gehörlosenauswahl. 1970 bis 1974 verantwortete er als Redakteur die Rubrik »Wir lehren Schach – Hohe Schule der Kombination« in der Zeitschrift »Schach«.[45]

An den Schriftsteller Herbert Ziergiebel (1922–1988) erinnern Hörspiele, Reisebücher, Romane und Erzählungen. Seiner Zeit voraus war er vor allem durch seine Science-Fiction-Literatur und durch Themen über Umweltprobleme und die Zukunft der Menschheit. Während des Krieges gehörte er zu den Aktiven im Widerstand gegen das NS-Regime. Zuletzt im Konzentrationslager Dachau inhaftiert, gelang ihm 1945 unter abenteuerlichen Umständen kurz vor der Befreiung durch die Amerikaner die Flucht.

Der Zoologe, Gründer und von 1954 bis 1990 langjährige Direktor des Tierparks Berlin, Prof. Dr. Dr. h.c. Curt Heinrich Dathe (1910–1991), ist mit allen Titeln auf dem Grabstein benannt. Bei seiner Grabstätte handelt es sich um ein Ehrengrab der Stadt Berlin. Nicht zuletzt trugen die großen Zuchterfolge des Tierparks zu seiner weltweiten Anerkennung bei. Für seine Verdienste erhielt Dathe zahlreiche nationale und internationale Ehrungen und Auszeichnungen. Der Tierpark erfreute sich in der DDR einer großen Besucherzahl und auch Dathes Radiosendung »Im Tierpark belauscht« sowie die Fernsehsendung »Tierparkteletreff« waren sehr beliebt.

Gleichfalls seine letzte Ruhe fand hier der bekannte Schauspieler Peter Borgelt (1927–1994), der am Ende seines Lebens in Karlshorst wohnte.

Der Archivar und Chronist Dr. Gustav Erdmann (1930–1994) wirkte als langjähriger Gemeindevorsitzender der evangelischen Kirche Karlshorst und gründete das Gerhard-Hauptmann-Museum in Erkner, das er bis zu seinem Tod leitete.

Armin Kuntze (1931–2000) leitete als Tierarzt von Karlshorst 1961 bis 1971 die Tierklinik im Tierpark Friedrichsfelde. Als Vertragstierarzt betreute er später die Tiere der Zirkusse »Aeros«, »Berolina« und »Busch«, veröffentliche zahlreiche wissenschaftliche Werke sowie das Kinderbuch »Mein Tier und ich« (1979). Zugleich war er bei Sendungen im Funk und im Fernsehen (»Du und Dein Tier«) ein vielgefragter Fachberater.

Gräberanlage für die Marienschwestern und Carl Ulitzka, 2017

Karlheinz Liefers (1941–2006) ist der Vater des Schauspielers und Musikers Jan Josef Liefers. Als Schauspieler und Regisseur wirkte er an verschiedenen Bühnen in der DDR, von 1996 bis 2000 als Schauspieldirektor am Thüringer Landestheater Rudolstadt und anschließend als freier Regisseur am Schleswig-holsteinischen Landestheater und am Theater Schwedt. Mehrfach mit Preisen geehrt wurde er auch für seine Inszenierungen von Hörspielen.

Wulf Olm (1942–2007), gebürtig und aufgewachsen in Karlshorst, machte sich als Presse-, Sport- und herausragender Tierfotograf einen Namen. Fast täglich hielt er sich im Tierpark Berlin auf und fotografierte häufig auch im Tierheim Berlin in Falkenberg. Nach der politischen Wende 1989 setzte er den Wandel der Stadt und des Landes ins Bild, Schließlich sei noch auf Hannes Hegen (1925–2014), den weitbekannten Comiczeichner verwiesen.

Doch der Friedhof birgt auch bewegende Kriegsgräberfelder. Hauptsächlich erinnern die Grabtafeln an im Zweiten Weltkrieg getötete Zivilisten aus Karlshorst und Friedrichsfelde und an Soldaten. Alte und junge Menschen aus vielen Nationen fielen dem Krieg zum Opfer. Der

19-jährige Wolfgang Buchholz aus Karlshorst verlor am 2. September 1939 als einer der ersten Frontkämpfer in Bromberg sein Leben. Aber der Tod fand sie auch anderswo – bei Luftangriffen in den Häusern, auf den Straßen, in den Schutzeinrichtungen, bei letzten Kampfhandlungen. Beim Einmarsch der Roten Armee gab es Suizide.

Ein weiteres unvergessenes Zeugnis der Geschichte findet sich in einer schlichten Rundgrab-Anlage, die unter Denkmalschutz steht. Es handelt sich um die Gräber der Marienschwestern des ehemaligen St. Antonius Hospitals. Seit dem Tod der ersten Oberin Maria Bernadetta (1879–1933), fanden auch sie ihre letzte Ruhe auf dem Karlshorster Friedhof. Auch der Krankenhausseelsorger Carl Ulitzka (1873–1953) ruht hier.

Das St. Antonius-Krankenhaus

Das katholische St. Antonius-Spital war 1930 bei seiner Eröffnung am 13. Juni – dem Festtag des Heiligen Antonius von Padua, Schutzpatron des neuen Hauses – mit 300 Betten (später um 75 aufgestockt), einer Abteilung der Gynäkologie und Geburtshilfe, einer Chirurgie, einer Abteilung Innere Medizin und vier Operationssälen als eine der modernsten Kliniken Deutschlands von Bedeutung. Offene Liegeterrassen vorrangig für Tuberkulosekranke und Loggien verliehen ihm die Bedeutung eines »Freilicht- und Freiluftkrankenhauses«. Gedeckte Liegehallen auf den Flachdächern eigneten sich selbst für den Nachtaufenthalt. Jedes der mehr als 70 Krankenzimmer war nach Süden oder Osten ausgerichtet, war hell und geräumig und bot eine schöne Aussicht auf die Kiefern des Krankenhausparks. Völlig neue Akzente setzte ihre Ausstattung mit Radios und Kopfhörer, teilweise auch mit Telefon. Zur Therapieanwendung gelangte Freiluftgymnastik. Geachtet wurde auf gesunde Ernährung. Ein eigenes Stoffwechsellabor ermöglichte differenzierte Diätmaßnahmen, die für die Genesung der Patienten förderlich sein sollten, außerdem gab es Haustrinkkuren.

Ausgelöst durch die steigenden Einwohnerzahlen befanden die Karlshorster ein Krankenhaus als besonders dringend. Das einzige örtliche »Krankenautomobil« reichte längst nicht aus. Die Zeitungen hatten schon von Fällen berichtet, bei denen Verletzte und Schwerkranke über Stunden auf ihren Transport in das nächstgelegene Krankenhaus

St. Antonius-Krankenhaus, 1930

warten mussten. Die Marienkongregation aus Breslau (heute: Wrocław in Polen), in deren Hände der Krankenhausbau lag, entschloss sich indessen aus karitativen Gründen für den Osten Berlins. Gerade unter der Arbeiterbevölkerung litten viele an Tuberkulose und sollten an guter Luft geheilt werden. Wegen ihrer schlechten Wohnverhältnisse in Berlin plante Paul Lazarus sogar eine Reihenhaussiedlung mit Gärten für sie in der Nähe des Spitals, die aber nicht errichtet wurde. Wie es um die Volksgesundheit stand, verdeutlichte auch ein von den Schwestern schon länger unterhaltenes Krankenhaus in Berlin-Kreuzberg, das die wachsende Patientenzahl nicht mehr ausreichend versorgen konnte.

Die Krankenhausanlage St. Antonius entstand in der Köpenicker Allee 39–63. Dort war sie lärmgeschützt in ein 48.000 Quadratmeter großes Waldgrundstück eingebettet, sodass sie den Eindruck einer Kurklinik vermittelte. Ihre Finanzierung erfolgte über Auslandsanleihen durch die Marienschwestern. Im Juni 1928 schickte das Mutterhaus die Darlehens-Aufnahmeerklärung über 1.530.000 Reichsmark (RM) an eine Bank. Der Grunderwerb für etwa 260.000 RM von Sigismund von Treskow, Robert Sange und Frau Maria Pahl, den in Friedrichsfelde ortsansässigen Eigentümern, begründete den Standort. Ohne die Innenausstattung beliefen sich lediglich die reinen Baukosten auf etwa 2.500.000 RM, davon allein für die Kapelle 100.000 RM. Damals gruppierten sich außerdem auf dem Gelände asymmetrisch ein Schwesternwohnheim, eine Wäscherei, eine Bäckerei, eine Fleischerei, ein Transformatorenwerk, ein Heizhaus und ein Wasserwerk.

Felix Angelo Pollak (1882–1936), ein Wiener Architekt jüdischer Herkunft, der zum Katholizismus konvertiert war, gelang mit dem Krankenhausprojekt eine in dieser Zeit wegweisende Architektur im Bauhausstil. Fast alle Elemente sind erhalten, die dem ehemaligen Krankenhaus heute Denkmalstatus verleihen. Das mehrfach abgewinkelte, weiß geputzte und langgestreckte zwei- und dreigeschossige Gebäude mit Sprossenfenstern und Vorbauten ist heute Sitz der Katholischen Fachhochschule. Aus der Gebäudeflucht treten die Kapelle mit Kreuz und ein turmartiger Eckbau mit einer Heiligenfigur hervor. Die Gestaltung im Innern des Hauses zeigt in den einzelnen Stockwerken noch die originalen verschiedenfarbigen Bodenfliesen. Neben einer Vielzahl an weiteren besonderen architektonischen Details ist die sich an der Eingangsfront befindende Bauplastik der Antoniusfigur als symbolischer Stützpfeiler hervorzuheben.

Die sozialmedizinische Ausrichtung des St. Antonius-Krankenhauses wurde stark von Prof. Dr. Paul Lazarus (1873–1957) geprägt. Von Beginn an als Chefarzt für die internistische Klinik verantwortlich, waren seine Lebensauffassung und berufliche Tätigkeit von einem ganzheitlichen Blick auf den Menschen getragen und damit auf die psychischen wie physischen Faktoren des Gesundwerdens. Seit 1907 im Dienste der Marienkongregation stehend, hatte er bis 1930 die innere Abteilung des St. Marien-Krankenhauses in Berlin-Kreuzberg geführt und leitete bis 1936 auch die staatlich anerkannte Krankenpflegeschule an ihren Krankenhäusern. 1933 war ihm als Katholik jüdischer Abstammung die Lehrbefugnis an der Universität Berlin entzogen worden, 1936 folgte seine zwangsweise Entlassung aus dem St. Antonius-Krankenhaus. Mit Unterstützung des Bischofs von Berlin gelang ihm mit seiner Familie 1937 die Auswanderung in die Schweiz. Als Pionierleistung der modernen Radioonkologie gelten seine Forschungen zur Wirksamkeit der Radiumbestrahlung und vor allem sein »Handbuch der Strahlentherapie« (1928–1931). Nach Deutschland kehrte er nie mehr zurück.

Die erste Oberin im St. Antonius-Krankenhaus, Schwester Maria Bernadetta, mit bürgerlichen Namen Anna Schmalz, war 1896 als erst Siebzehnjährige dem Orden der Marienschwestern in Breslau beigetreten, wo sie zur Krankenpflegerin ausgebildet wurde. Nach mehrmonatigem Krankenlager starb sie 54-jährig drei Jahre nach Eröffnung des Krankenhauses. Sie wurde in der Ruhestätte der Schwestern auf dem Karlshorster Friedhof beerdigt.

1940 war Schwester M. Cosma Oberin, ärztlicher Direktor war inzwischen Prof. Herrmannsdorfer geworden. Ein Geistlicher war für die Betreuung der Patienten zuständig. Es handelte sich um den polnischen Prälat Carl Ulitzka. Mit ihm gibt es eine weitere beeindruckende Persönlichkeit an dem Krankenhaus. Ulitzka, der als Reichstagsabgeordneter an der Ausarbeitung der Weimarer Verfassung mitgewirkt, sich vor allem auch für die Erhaltung der polnischen Identität eingesetzt hatte, wird heute in seiner Heimat sehr verehrt. Als er 1939 wegen seines Eintretens für den Gebrauch der polnischen Sprache aus Schlesien (heute größtenteils Polen) ausgewiesen wurde, begab er sich zu den Marienschwestern in Karlshorst, die 55 Jahre zuvor mit ihm die Priesterweihe gefeiert hatten. Ulitzka gehörte zu den kompromisslosen Gegnern der Nationalsozialisten, wurde 1944 verhaftet und in das Konzentrationslager Dachau eingeliefert, wo ihn gegen Kriegsende amerikanische Truppen befreien konnten. Er nahm seine seelsorgerische Tätigkeit im St. Antonius-Krankenhaus wieder auf und führte sie nach dessen Beschlagnahme am neuen Standort in Friedrichshagen fort. Hier verstarb er 1953, bestattet liegt er in Karlshorst in der Grabstätte der Marienschwestern.

Über 15 Jahre lang wirkten die Marienschwestern in Karlshorst. Doch häufig vollzieht sich Geschichte als Abfolge von radikalen Veränderungen. Den Krieg hatte das Krankenhaus zwar relativ unbeschadet überstanden, nun aber lag die Köpenicker Allee im sowjetisch besetzten Sperrgebiet. Umgehend mussten Schwestern und Ärzte schon Anfang Mai 1945 mit 125 schwerkranken Patienten das Krankenhaus verlassen. Sowjetmilitär zog mit verwundeten Soldaten ein. Bei der Räumung durfte nichts mitgenommen werden. Die Kranken wurden in Liegestühlen umgesiedelt, nebenan nach Biesdorf, in die Infektionsabteilung, nach Köpenick in den Ortsteil Hirschgarten in eine aufgegebene Restauration, zuletzt nach Friedrichshagen in das alte Gartenlokal und Vorstadt-Hotel »Bellevue« in der gleichnamigen Straße (heute: Josef-Nawrocki-Straße), weil hier zufällig ein Lazarett der Roten Armee

Ehemaliges Wachhäuschen am Eingangsbereich, 2005

aufgegeben wurde. Die Lage am Müggelsee war ansprechend, das Haus aber verdreckt, verwahrlost und verwanzt. Hier setzten die pflegenden Schwestern ihre Arbeit fort, beschafften Betten und anderes Notwendige aus der Umgebung und räucherten jeden Abend mit einer Lötlampe die Zimmer aus, damit die Patienten schlafen konnten. Wider allen Unbill der Zeit wurden schließlich nach besten Kräften Abteilungen wie in Karlshorst geschaffen. Weil es bis 1971 keinen Fahrstuhl gab, mussten die operierten Patienten getragen werden, zum Teil auch über winklige Treppen.

In Karlshorst wurde dagegen das St. Antonius-Krankenhaus zum Verwaltungssitz der sowjetischen Militäradministration. Eindrückliche Aussagen von Zeitzeugen beschreiben das bewachte Gebäude für die ersten Jahre ebenfalls als ein Gefängnis. In den fest ummauerten Kellern verbargen sich eingebaute Zellen für Inhaftierungen von politisch Andersdenkenden, die hier oft monatelang gefangen gehalten und gefoltert wurden; vermutlich kamen Gefangene auch zu Tode, andere wurden in sowjetische Lager deportiert. Nach Aufhebung des Sperrgebiets 1963 entfiel die militärische Nutzung, der Komplex diente danach bis 1990 als Ministerium für Land-, Forst- und Nahrungsgüterwirtschaft der DDR.

Die Quelle für die Barmherzigkeit der Marienschwestern war der heilige Antonius, der auch als Heiliger bekannt ist, der Verlorenes wiederfindet. Nach Auflösung der DDR fiel das frühere Krankenhaus an das Bistum Berlin. 1991 eröffnete zunächst unter der Bezeichnung »Katholische Fachhochschule Berlin« die »Katholische Hochschule für Sozialwesen Berlin«. Auch die Marienschwestern von der Unbefleckten Empfängnis kehrten zurück, aber nicht mehr als Betreiber des Krankenhauses. Ein Neubau, der nach damaligen Vorstellungen die medizinische Grundversorgung der Karlshorster Bevölkerung hätte gewährleisten sollen, wäre dem Senat zu teuer gekommen. Im September 2001 weihte man stattdessen das Katholische Seniorenstift »St. Antonius« mit 100 Pflegeplätzen und zwei Stadtvillen für Betreutes Wohnen ein, die in der Tradition der Marienschwestern stehen. Der Zugang befindet sich an der Rheinpfalzallee 66. Der Krankenhausstandort St. Antonius in Friedrichshagen wurde geschlossen.[46]

DER DUNKLE SCHATTEN DER GESCHICHTE – KARLSHORST 1933

Eine ganz andere Ausprägung als bei Gründung der Kolonie tritt dem Geschichtsbetrachter in der Zeit des Nationalsozialismus entgegen. In der Zustimmung der »Machtergreifung« Hitlers in weiten Bevölkerungskreisen unterschied sich Karlshorst nicht von dem, was sich überall in Deutschland abzeichnete. Bereits 1930 offenbarte sich zumindest ein politisches Interesse bei manchen Karlshorstern. Eine Propagandaveranstaltung der NSDAP im Saal des »Deutschen Hauses«, in dem kurz vor den Reichstagswahlen Gauleiter Joseph Goebbels auftrat, war restlos überfüllt, angeblich hätten sogar noch weitere 600 »Volksgenossen«[47] Einlass gesucht. Das Gartenlokal an der Treskowallee Ecke Ehrenfelsstraße, etwa an der Stelle des heutigen Johannes-Fest-Platzes, existiert heute nicht mehr.

Doch schon bei den Wahlen zur Bezirksverordnetenversammlung Lichtenberg am 17. November 1929 fiel Karlshorst als am weitesten rechts wählender Stadtteil auf. SPD und KPD erreichten 3803 Stimmen, alle bürgerlichen Parteien einschließlich der NSDAP zählten 7379 Stimmen.[48] Der »Karlshorster Anzeiger« vermeldete über den Wahlsausgang: »Als stärkster nationaler Ort im Bezirk steht Karlshorst da. Es ist die Hochburg des nationalen Willens im Berliner Osten. Da nützen keine Fackelzüge der SPD mit gepumpten Mannschaften und doppelter Kapelle, da können rote Lastautos mit verhetzten Menschen durch die Straßen rasen! Die Fenster und Türen bleiben zu und stolz erfüllt jeder Bürger seine Wahlpflicht zum Besten seiner Stadt, seines Vaterlandes. Macht es ebenso, ihr anderen Mitbürger aus Lichtenberg, und der rote Sumpf ist ausgerottet.«[49] Auch bei der Reichstagswahl im November 1932 stimmten über 5000 Einwohner von Karlshorst für die NSDAP. Die Deutsch-Nationale Partei, SPD und KPD überboten zusammen mit nur etwa 1500 Stimmen.[50]

Im Gegensatz zu den von Arbeiterfamilien bevorzugten Wohnvierteln in anderen Ortsteilen von Berlin gab es im bürgerlich-konservativen Karlshorst keine Unruhen oder Auseinandersetzungen mit Polizeibeamten oder Angehörigen der SA und NSDAP, doch auch hier wagten Menschen den Widerstand. So führte Hans-Rainer Sandvoß einige illegal aktive Sozialdemokraten für die Berliner SPD oder in den Widerstandsorganisationen »Der Rote Stoßtrupp« und »Illegale Reichsbanner« an.[51]

Die politische Zentrale der NSDAP für den Lichtenberger Stadtkreis (Kreis IX Lichtenberg-Köpenick) hatte ihren Sitz in der Karlshorster Wildensteiner Straße 15. Zum Kreis gehörten 20 Ortsgruppen. 1933 gründete sich der »Stahlhelm, Bund der Frontsoldaten« (ab 1937 »Soldatenbund« e.V.). Die Sozialstruktur von Karlshorst widerspiegelte besonders der ortsansässige Kriegerverein »Generalfeldmarschall Graf von Moltke« mit über 500 Mitgliedern (1927). Beamte der Reichsbahn, der Post, vom Zoll, des Bankwesens, der Polizei und des Militärs, Reichsangestellte, aber ebenso Gastwirte, Kaufleute und Handwerker sowie zahlreiche Haus- und Grundbesitzer bestimmten das Bild der »Gleichgesinnten«. Nach 1933 in »Kriegerkameradschaft« umbenannt, begnügte man sich nicht mehr nur mit der Vereinsfahne und Marschmusik. Den Zeichen der Zeit angepasst, orientierte man sich jetzt mehr auf die »Grußpflicht« und das Militär. Im Oktober 1933 wurde unmissverständlich verkündet: »Keine Mitgliedschaft von Nichtariern!« Die zu »Undeutschen« Abgestempelten hatten ihren sofortigen Austritt zu erklären. Zu Ihnen gehörte neben dem im Folgenden noch erwähnten Siegmund Hofmann auch der Sohn Hans (geboren 1902) des Vereinsmitgliedes Paul Wirth (1829 verstorben), der – wie seine Mutter – später die Deportation nicht überlebte. Ab 1943 wurden die Kriegervereine direkt der NSDAP unterstellt.

Über die Jahre wohnten bereits viele jüdische Kaufleute, Ärzte, Angestellte und Intellektuelle als geachtete und am Wohle des Gemeinwesens beteiligte Bürger in Karlshorst. 1909 wurde die Israelitische Vereinigung Karlshorst-Friedrichsfelde e.V. gegründet. Seit 1933 verlor der Alltag der jüdischen Bevölkerung auch in Karlshorst seine Normalität. Juden wurden aus öffentlichen Ämtern vertrieben, mit Berufsverbot belegt und im gesamten öffentlichen Leben zur Zielscheibe von antisemitischen Hass- und Verleumdungskampagnen. Das Ausmaß ihrer Diffamierung, Isolierung, Vertreibung und Deportation ist freilich so komplex, dass es hier, wie auch in den anderen Kapiteln, nur angerissen werden kann.[52] Es sollen jedoch Einblicke in wenige exemplarische Einzelschicksale gewährt werden. Einer der ersten Opfer der Verfolgung war der langjährige Karlshorster Arzt und Sanitätsrat Dr. Alfred Mode (geboren 1870), der Sohn des Buchhändlers Hermann Mode, um 1897 eine der ersten Familien in Karlshorst, die zunächst in der Auguste-Viktoria-Straße 12 (heute: Ehrlichstraße 30), dann in der Stühlinger Straße 4 ansässig war. Am 3. April 1933 forderte der »Karlshorster Anzeiger« seine Absetzung als Reichsbahnarzt. Die Abberufung erfolgte zum 30. Juni 1933. Dem Druck der antisemitischen Anfeindungen ausgesetzt und gedrängt, seine Praxis in der Treskowallee 98 aufzugeben, nahm er sich im Februar 1937 das Leben.[53]

Nach dem Erlass des Gesetzes über die Einziehung volks- und staatsfeindlichen Vermögens vom 14. Juli 1933 und weiterer Verordnungen konnte der NS-Staat jüdischen Besitz enteignen. Schritt für Schritt wurden alle jüdischen Unternehmer ihrer Betriebe und Geschäfte beraubt, was auch durch Zwangsverkauf unter Wert (»Arisierung«) und erpresserischer Aneignung durch Konzerne, die Partei oder einzelne Parteigenossen geschah.

Wer die Gefahr rechtzeitig erkannte und es ermöglichen konnte, suchte 1933 schon frühzeitig einen Ausweg durch Emigration. Neben Max Wertheimer, Max Beer und Samuel Lewin, die bereits an anderer Stelle genannt wurden, verließen unter anderen der Rechtsanwalt Siegfried Bergmann (Wildensteiner Straße 7), der AEG-Oberingenieur Dr. Isaak Goldstein (Riastraße 13, zuletzt Prinz-Heinrich-Straße 21, heute: Wandlitzstraße 49), der Magistratsoberbaurat Walter Rosenberg (Rheinsteinstraße 9a, später Nummer 31) und die langjährig ansässigen Ärzte Dr. Alexander Neumann (Rheinsteinstraße 16) und Dr. Wilhelm Schwarzbach (Gundelfinger Straße 1), die nun nicht mehr praktizieren durften, das Land.

Mit dem Novemberpogrom 1938 gegen die jüdischen Bürger begann eine neue Phase mit dem Ziel, sie endgültig aus dem Wirtschaftsleben auszuschalten und durch Massenverhaftungen den Auswanderungsdruck zu verschärfen. Das Lichtenberger »Anzeiger und Tagblatt« triumphierte: »Man hat den Juden wirksam heimgeleuchtet!« Von den wenigen noch in Karlshorst bestehenden jüdischen Geschäften wurden in der Dorotheastraße 28 die Scheiben des kleinen Ladens für Kurzwaren von Siegmund Hofmann (geboren 1864) eingeschlagen. Er wurde 1942 nach Theresienstadt, sein bei ihm lebender Sohn Herbert (geboren 1895) im folgenden Jahr nach Auschwitz deportiert.[54] Beide kamen dort um. Die sogenannte »Kristallnacht« öffnete vielen Juden endgültig

Erinnerungszeichen für Dr. Alfred Mode, Treskowallee 98, 2017

die Augen für die Gefahr, in der sie schwebten. Viele emigrierten ins rettende Ausland, was zu diesem Zeitpunkt noch möglich war. Dazu gehörten aus der Stolzenfelsstraße 4 der Bankbeamte Richard David mit seiner Frau und zwei Söhnen.

Nach den Pogromen fanden keine jüdischen Gottesdienste mehr statt. Die nach und nach stattfindende vollständige Entrechtung der Juden wurde begleitet von einer Welle von Verboten, Enteignungen, der Verpflichtung zur Zwangsarbeit und der Stigmatisierung durch die zusätzlichen Namen Israel und Sara und das Tragen des Jugendsterns. Der Antisemitismus fand seinen Höhepunkt in den regelmäßigen Deportationen der Wehrlosen, die im September 1941 begannen.

Bei der Volkszählung am 17. Mai 1939 wurden für Karlshorst 265 Personen mit mindestens einem »nichtarischen« Großelternteil erfasst. Familien von »Volljuden« (ohne »arischen« Ehepartner) mussten aus ihren Wohnungen heraus und in die Innenstadt in sogenannte »Judenhäuser« ziehen, wo sie auf engstem Raum zusammengepfercht lebten. In Karlshorst gab es solche entwürdigenden Adressen in der Dorotheastraße 23 und 28, Fürstenbergallee 9 (heute: Sangeallee 30), Gundelfinger Straße 31, Hentigstraße 24a, Prinz-Heinrich-Straße 6 (heute: Wandlitzstraße 13), Rheingoldstraße 4, Stolzenfelsstraße 2 und in der Treskowallee 71 und 100.[55] Für gewöhnlich war es die Vorstufe, bevor die Menschen in das berüchtigte Sammellager Große Hamburger 26 in Berlin-Mitte verbracht wurden. Von hier gingen die Transporte nach Theresienstadt und Auschwitz.

Wie überall in Berlin gab es nicht wenige Karlshorster, die sich abwandten, nichts hören und nichts sehen wollten oder verängstigt waren und sich nicht in persönliche Gefahr bringen mochten. Und doch gab es auch eine Bereitschaft, dem Nationalsozialismus in unterschiedlicher Form Widerstand zu leisten und jüdischen Menschen zu helfen. Hervorgehoben werden sollen die in diesem Buch bereits erwähnten Pfarrer Voelkel und Bernhard Lichtenberg aus der evangelischen und katholischen Kirche, die Retter von Joachim Lipschitz und Johanna und Willy Brauer, die mehrere Juden versteckten. Es gibt es noch weitere Beispiele solcher Opposition, die Forschungen hierzu laufen.

Am Ende der Weimarer Republik lebten etwa 400 jüdische Personen im Ortsteil. Nach dem Mitgliederverzeichnis der Jüdischen Gemeinde waren es am Ende des Zweiten Weltkrieges lediglich noch 13, davon zwei Rückkehrer aus Konzentrationslagern.[56]

Eine Möglichkeit, gegen das Vergessen anzugehen, sind Erinnerungszeichen, die helfen sollen, das Gedenken an die zwischen 1933 und 1945 von den Nationalsozialisten verfolgten und ermordeten jüdischen Menschen wach zu halten. Doch sie sind auch Mahnzeichen. So lassen sich in vielen Straßen von Karlshorst Stolpersteine finden, die es in ganz Berlin seit 1996 gibt. Die Projektidee des Künstlers Gunter Demnig erlangte auch in anderen Städten der Bundesrepublik großen Zuspruch. Sie werden vor den Häusern verlegt, in denen die Opfer einst wohnten. Viele Initiativen, Einrichtungen und Bürger engagieren sich dafür, forschen zu den Biographien, sammeln Spenden und kümmern sich um die Pflege.

Zudem befand sich zwischen 1940 und 1945 an der südlichen Grenze des Schlossparks derer von Treskow, dem heutigen Tierpark Friedrichsfelde, unter dem Kommando der Geheimen Staatspolizei das gefürchtete »Arbeitserziehungslager« Wuhlheide. Die Insassen, ausländische Zwangsarbeiter, wegen sogenannter Arbeitsverweigerung deutsche Arbeiter sowie politische Häftlinge und »Rasseverfolgte« erlitten hier unmenschliche Arbeits- und Lebensbedingungen. Tausende

Erinnerungszeichen in der Gundelfinger Straße 4, Sangeallee 30, Stolzenfelsstraße 2 und Wandlitzstraße 13

Häftlinge durchliefen dieses Lager, etwa 3000 von ihnen fanden dabei dem Tod. Zur Erinnerung an die Opfer wurden im Jahr 2000 an der Treskowallee, Ecke ehemaliger Triftweg, entlang der Bahngleise zwei Gedenkstelen (gestaltet von Hans-Joachim Kunsch) eingeweiht. Ein weiterer Gedenkstein liegt direkt auf dem Tierparkgelände.

Von Luftschiffen und Flugplätzen

Fliegen können wie die Vögel – das ist ein alter Menschheitstraum. 1891 gelang es Otto Lilienthal als erster Mensch über größere Distanzen im Gleitflug zu fliegen und 1900 schwebte der erste Lenkballon, der nach seinem Erfinder benannte »Zeppelin«, für 18 Minuten über den Bodensee. Auch Georg Wilhelm von Siemens (1855–1919) ließ sich von der Luftschifffahrt anregen, wenn auch nicht ganz uneigennützig. Seit 1903 der Siemens-Schuckertwerke GmbH, einer Tochtergesellschaft der väterlichen Firma Siemens & Halske, vorstehend, unterhielt der Unternehmer Kontakte zu militärischen Kreisen und hoffte auf Heeresaufträge. Wiederum hoben sich in der firmeneigenen Forschungsabteilung auch Namen von Wegbereitern eines neuen Bausystems für Luftschiffe hervor. Vor allem Ingenieuren wie Otto Krell (1866–1938) und Alexander Dietzius (geb. 1879) verdankte Siemens einen halbstarren Luftschifftyp, der seinerzeit den starren »Zeppelinen« überlegen und weltweit der größte dieser Art war.[57]

An der Konstruktion und Flugerprobung des ausschließlich für militärische Zwecke beauftragten Siemens-Luftschiffes wurde seit 1907 gearbeitet. Bei einem Durchmesser von 13,2 Metern maß seine Länge 118 Meter. Für die Ballonhülle wurden 41 Bahnen von etwas mehr als einem Meter Breite, die aus drei Lagen Baumwollstoff mit zweifacher Gummieinlage gefertigt waren, verwendet. Am Kiel des Tragkörpers hingen drei Gondeln. Die vordere und hintere diente mit Motoren zum Antrieb von Propellern, die mittlere mit dem Kommandoraum zum Steuern und zur Aufnahme von Passagieren.[58]

Das Aus- und Einbringen des »Riesen-Luftschiffs«[59] und sein Schutz vor Beschädigungen war das nächste schwierige Unterfangen, das viele Überlegungen erforderte. Damals machte Berlins Vorortgemeinde Biesdorf die erste drehbare Luftschiffhalle auf dem Festland berühmt. Die dortige Verortung der Halle hing mit der Unternehmerfamilie Siemens zusammen. Vorausgegangen war 1887 der Erwerb des Gutes Biesdorf mit dem sogenannten Schloss durch Werner von Siemens (1816–1892).

Siemens-Schuckert-Ballonhalle, 1911

Zwei Jahre später übernahm sein Sohn Wilhelm den Besitz und siedelte sich mit seiner Familie an. Unter diesen Voraussetzungen konnte er 1907 auf eigenem Landgut den Hallenbau einschließlich Start- und Landebahn in Angriff nehmen.

Bei jener nach Entwürfen des Regierungsbaumeisters Karl Janisch (1870–1946) Ende 1909 überlieferten Luftschiffhallenarchitektur handelte es sich um eine Eisenkonstruktion mit hölzernem Dach. Das 135 Meter lange und 25 Meter breite wie hohe Bauwerk wog 1.200 Tonnen und war über acht Rollwagen auf einem kreisrunden Gleisbett mit zwei Schienenbahnen positioniert. Mithilfe einer komplett neuen Technologie ließ sich die Halle innerhalb einer Stunde um 360 Grad drehen und konnte entsprechend der Windrichtung mit Motorkraft in Stellung gebracht werden. Der hohle Drehzapfen aus Eisenbeton maß acht Meter Durchmesser. An den Seiten im Halleninnern lagen Werkstätten und Materiallager, Büros, Wächterräume, Schlafräume, Küche und eine Kantine sowie die Steuerungsanlage der Motoren.[60]

Ein Plan von 1917[61] veranschaulicht die genaue Erschließung des Flugplatzes auf einem unbewirtschafteten Freiraum in der Siedlung

Biesenhorst in Biesdorf-Süd. Legt man auf gegenwärtigen Ortsplänen den Verlauf der Bezirksgrenze zwischen Marzahn und Lichtenberg zugrunde, hob sich die Halle nördlich der verlängerten Straße am Heizhaus, die durch die Kleingartenanlage »Biesenhorst II« führt, ab, stand also auf Karlshorster Gebiet. Innerhalb der Sparte befand sich der zentrale Drehzapfen am Amsel-, Ecke Meisenweg.

Das gerühmte Siemens-Schuckert-Luftschiff 1 (SSL) feierte am 23. Januar 1911 seinen ersten Triumph. Nachmittags um 14:20 Uhr stieg es vor der Luftschiffhalle mit zwölf Personen zu einer Versuchsfahrt auf. Geführt von Hauptmann Christoph von Krogh (1868–1931) kreiste es 40 Minuten über den Dächern von Karlshorst. Bis zum Juni 1911 unternahm SSL 1 insgesamt 28 Fahrten in Höhen von bis zu 500 Metern. Mit SSL 2 erfolgten über Karlshorst und die nähere Umgebung von Berlin weitere Probefahrten. Die längste Route führte am 15. Dezember 1911 ins thüringische Gotha, betrug 270 Kilometer und dauerte sechs Stunden und 53 Minuten.

Dennoch erreichte auch SSL 2 keine Serienreife und flog am 18. April 1912 letztmalig. Die preußische Heeresleitung hatte sich für den Einsatz der inzwischen verbesserten Zeppeline entschlossen, erwarb aber vertragsgemäß das Siemens Versuchsschiff samt Geheim-Patent, jedoch nur, um es abzuwracken.

Danach wurden Flughafen und Drehhalle in Biesdorf temporär für militärische Übungsfahrten mit »M«- und »P«-Luftschiffen durch das hier stationierte »Luftschiffer-Bataillon Nr. 2« genutzt. Mit der Mobilmachung 1914 waren noch der Luftschutz-Trupp 10 und 23 aufgestellt. Und für die Siemens-Schuckertwerke waren sie für Versuche mit Waffensystemen von Relevanz. Von Luftschiffen aus sollten Kriegsschiffe angegriffen werden; so wurde beispielsweise ein entwickelter Torpedogleiter an ein in Biesdorf liegendes Luftschiff montiert.[62]

Nach dieser kurzen Ära der Luftfahrt in Biesdorf begann die Geschichte des dicht beieinander liegenden Militär-Flugplatzes Karlshorst, der sich nach heutiger Gebietslage zwischen dem überbauten Bahngelände und der Robert-Siewert-Straße im Norden, der Zwieseler Straße im Westen und der Köpenicker Allee im Süden erstreckte. Am damaligen Fliegerplatz an der Rheinsteinstraße lag der offizielle Zugang.[63] Aus der örtlichen Lage ergab sich die zeitweise Wegbezeichnung »Am Flugplatz«, die bis Anfang der fünfziger Jahre noch in Straßenverzeichnissen angeführt wurde.

Überwiegend entstand dieser Flugplatz aufgrund der prekären Finanzen der Gemeinde Friedrichsfelde-Karlshorst. Abhilfe sollte 1917 die »Fliegerstation Berlin-Friedrichsfelde« bringen. Um dies zu ermöglichen, wurden im Umfeld der Luftschiffhalle 154 Hektar Land von den Grundeigentümern Siemens in Biesdorf, Schlossbesitzer Treskow sowie der Bauernwitwe Pahl in Friedrichsfelde beschafft. Pächter war der Heeresfiskus. In kürzester Zeit erstellte die Münchner Bauunternehmung Gebrüder Rank den fast quadratischen Flugplatz mit mehreren Bauten. Darin befand sich unter anderem eine Luftbildmess- und Bildfilm-Abteilung. L-förmig am Rand lagen Hallen der Flug- und Versuchsabteilung mit Gleisanschluss.[64] Das Bautempo erklärt sich von selbst durch das aufgelegte »Hindenburg-Programm« der Obersten Heeresleitung (1916) zur Steigerung der Kriegsaufrüstung. So wurden hier Soldaten für die Luftbildfotografie ausgebildet, Flugzeuge montiert, auch Versuchsflüge und Luftübungen durchgeführt. Für damit verbundene Transporte verlief eingleisig eine Industriebahn vom Güterbahnhof Kaulsdorf bis zu einem Rampenanschluss auf dem Flugplatz in Höhe Rheinsteinstraße.

Doch das Betreiben währte nur wenige Wochen. Am Kriegsende verschwand der Flugplatz gemäß dem Versailler Vertrag, der ein Verbot jeglicher deutschen militärischen Luftfahrt beinhaltete. Dem ungeachtet war noch eine Polizeifliegerstaffel stationiert. Erst 1920 begann man das Gelände rückzubauen und einen Großteil der Bauten, darunter Hangars der Luftbildabteilung und die große Luftschiffhalle, abzutragen. Das Industriebahngleis wurde Anfang der dreißiger Jahre demontiert.

1924 enteignete und übernahm die Flächen hauptsächlich der Reichsfiskus, die Stadt Berlin musste aus Kostengründen zurückstehen und erwarb nur einen Geländestreifen. Relativ zeitgleich werden in den ehemaligen Unterkünften und Lehrbaracken der Fliegertruppen und in einer Flugzeughalle Wohnungen für Bedienstete des Landes Berlin angeführt, wie auch Kleingärten und die Niederlassung Biesenhorst, deren Name aus »Biesdorf« und »Karlshorst« abgeleitet wurde. Unter den Nationalsozialisten wurde die »Gemeinnützige Siedlung Biesenhorst e. G. m. b. H.« zerschlagen und zwangsweise in den »Reichsbund der Kleingärtner und Kleinsiedler Deutschlands« eingegliedert und damit in einen Verein, der auf Anordnung der Reichsleitung der NSDAP gegründet und direkt unter ihren Einfluss gestellt worden war. 1936

Ehemalige Flugzeughallen, 2017

wurde ein Teil der Siedlung und des Flugplatzes überbaut, 1941 ging der Güteraußenring der Reichsbahn in Betrieb, was das unmittelbare Aus für 800 Parzellen bedeutete.

Dennoch überstanden einige Flugzeughallen sowie das Werftgebäude die Jahre. Deren Nutzung übernahmen überwiegend Unternehmen und Behörden. Über einen langen Zeitraum hinweg handelte es sich unter anderem seit 1934 um die Forschungsanstalt für Schifffahrt, Wasser- und Grundbau (FAS), die 1990 als Außenstelle in der Bundesanstalt für Wasserbau aufging und 2002 aufgelöst wurde. In der DDR war sie für den Betrieb und die Unterhaltung der Wasserstraßen und Schifffahrt zuständig. In einigen Hallen lassen sich für die Zeit nach 1945 kyrillische Inschriften entdecken – Zeichen von sowjetischen Soldaten, die die Hallen als Lager und zum Unterstellen von Panzern in Beschlag genommen hatten.

Von dem Flugplatz zeugen heute lediglich sechs baugleiche, von Kuppeln überdachte Hallen an der Straße am Heizhaus. Bei den Hangars handelt es sich also nicht um überlieferte Luftschiffhallen, wie manchmal irrtümlich angenommen wird. In Anbetracht ihrer bemerkenswerten Spezialkonstruktion aus der frühen Phase der Entwicklung des Stahlbetonbaus und ihrer Einzigartigkeit in Deutschland wurden sie 1997 zu Baudenkmalen erklärt. Momentan sind sie in das geplante Quartier »An der Promenade« eingebettet und sollen zu Wohnhäusern umgebaut werden.

Die Pionierschule der Wehrmacht

Im nationalsozialistischen Berlin entstanden zwischen 1935 und 1939 die Kriegsschule der Luftwaffe mit eigenem Flughafen in Gatow-Kladow, die Luftwaffenkaserne Kladow-Hottengrund, die Seeckt-Kaserne in Spandau und die als kleine Stadt konzipierte Kaserne im Wedding, um nur einige Beispiele für Militärobjekte zu nennen.[65] Zeitgleich berichtete 1937 voller Stolz ein Karlshorster Lokalblatt von »eine[m] der bedeutendsten Neubauten der Wehrmacht des Dritten Reiches in der Reichshauptstadt«[66].

Gemeint war in Karlshorst die »Pionierschule I«, die an der Zwieseler Straße zwischen 1936 und 1938 erbaut wurde. Deren erklärtes Ziel war es, Offiziere und Unteroffiziere speziell im Festungsbau zu schulen. Noch ahnte niemand, dass der Weltkrieg, dem diese Maßnahmen zur Vorbereitung galten, hier auch sein Ende finden sollte. Jenem militärischen Geist waren außerdem die waffeneigenen Lehrgänge für Fähnriche und Oberfähnriche der »Pionierschule II« in München zugedacht. Beide Militärschulen gingen 1934 aus der Teilung der Militärtechnischen Akademie München hervor.

Für die Anlage der »Pionierlehranstalt für Offiziere der Wehrmacht« in Karlshorst, so anfangs der Name, bot das Militärgrundstück der ehemaligen Fliegerstation Friedrichsfelde offensichtlich alle Voraussetzungen. In enger Verzahnung von Hochschule und Kaserne entstanden hier mehr als 20 Bauten. Der Architekt ist nicht bekannt. Den Blickpunkt bildete das augenscheinlich größte Gebäude mit Hörsälen und Aula gegenüber dem Haupttor mit zwei Wachhäusern an der Zwieseler Straße. Von seiner damals künstlerischen Ausgestaltung in typischer NS-Repräsentation durch Hans Koberstein (1864–1945) ist heute nichts mehr sichtbar.

Den Bestand vervollständigten Häuserblöcke für Unterkünfte, ein Unteroffizierskasino und eine Kommandantur, Laboratorien, ein Sport-

Hauptgebäude ehemalige Militärschule, 2005

platz, eine Turn- und Schwimmhalle, eine Reithalle und Reitbahn, ein Exerzierplatz, ein Schießstand, Kraftfahrzeughallen und Werkstätten. Mit Klubräumen und einem Saal für Großveranstaltungen wurde gegenüber der Einmündung der Rheinsteinstraße zum Schluss noch die Villa für das Offizierskasino gebaut. Auswärts nutzte man den Pionierübungsplatz Rehagen-Klausdorf-Sperenberg.

Ohne dass der Bau des Hörsaalgebäudes schon abgeschlossen war, startete am 1. April 1937 der Lehrbetrieb mit Wehrmachtsbeamten, überwiegend Stabsoffiziere mit dem zivilen Titel »Regierungs- oder Oberregierungsbaurat«. Der Abschluss zum Bauingenieur dauerte zwei respektive drei Jahre. Die NS-Propaganda gewichtete die Absolventen als »geistigen Mittelpunkt der Pionierwaffe«. Frühere Berufs- und Reserveoffiziere, die infolge zunehmender Aufrüstung 1938 den Dienst wieder aufnehmen mussten, durchliefen die Schule innerhalb von acht Wochen.

Als der Krieg ausbrach, integrierte man die Abgänger in den Bau und Ausbau von Verteidigungsanlagen wie den Atlantik- und Westwall, die, so der Mythos, unbezwingbar sein sollten. Der Westwall zog

Bunker an der Zwieseler Straße, 2018

sich mit 9.700 Festungsbauwerken über 630 Kilometer entlang der Westgrenze des Deutschen Reiches, der Atlantikwall verlief (nur teilweise erbaut) 2.685 Kilometer an der Küste des Atlantik, Ärmelkanals und der Nordsee.

Ab 1940 rückten Bunkervorhaben für die Zivilbevölkerung in den Vordergrund. Allein in Karlshorst wurden in der Waldsiedlung am Hegemeisterweg in Höhe Gleyeweg und in der heutigen Liepnitzstraße Doppel-Flachbunker und in der Sangealle Ecke Marksburgstraße ein Hochbunker gebaut. Bis auf einen sprengte man sie nach dem Krieg.

Der dreistöckige, 36 Meter lange und 19 Meter breite »gas- und bombensichere« Hochbunker von 1941 am Rand der Pionierschule an der Zwieseler Straße 120–124 steht noch heute. Während der zunehmenden Bombardements drängten sich darin voller Angst die Menschen. Frauen mit Kindern und ältere Leute konnten eine der wenigen kleinen Schlafkabinen mit Doppelstockbetten beantragen. Der Einmarsch der ersten sowjetischen Stoßtrupps war schon abzusehen, da tat sich noch einmal der Abgrund des Fanatismus auf. Erst im letzten Moment gelang es, einen SS-Mann zu stoppen, der beabsichtigt hatte, die weiße Fahne auf dem Bunkerdach gegen eine mit dem Hakenkreuz zu vertauschen. In dem Koloss lagerten später Waffen, Munition und Uniformen der in Karlshorst stationierten sowjetischen Militäreinheiten. Heute ist er denkmalgeschützt. Wie bei den gleichfalls bestehenden, baugleichen Bunkern in Lankwitz, Tempelhof und Wittenau wird über die Möglichkeiten eines geeigneten Umgangs mit dem Bau diskutiert, angedacht ist die Möglichkeit der Errichtung eines Ausstellungsortes.

Ab Oktober 1942 hieß die Pionierschule offiziell »Festungspionierschule«, wurde im März 1945 wegen der näher rückenden Front nach Bayern verlegt und bald darauf aufgelöst. Währenddessen rollten in den Morgenstunden des 22. April 1945 Wehrmachtsfahrzeuge durch Karlshorst. Ältere Soldaten und Hitlerjungen, das sogenannte »letzte Aufgebot«, sollten noch der Übermacht der sowjetischen Verbände trotzen. Sie verschanzten sich, bauten Deckungen und brachten Maschinengewehre in Stellung. Beherzte Bewohner konnten sie noch rechtzeitig zur Aufgabe des unsinnigen Befehls bewegen. Stunden später war am 23. April der gesamte Ortsteil von der Roten Armee eingenommen.[67]

Karlshorst stand zum Ende des Krieges also nicht unter schwerem Beschuss. Die Einwohner haben aber in den verschiedenen Phasen des Krieges das Schicksal von vielen Menschen geteilt. Die Kriegsrealität war erbarmungslos. Es gab zahlreiche Tote bei Luftangriffen. Die ersten Bomben fielen 1940. Bis 1945 zählten zur materiellen Schadensbilanz 165 total zerstörte und über 800 teilzerstörte Wohnhäuser.[68] Dagegen waren Bauten wie Brücken, der Bahnhof, das Gas- und das Wasserwerk, auch Schulen, Krankenhäuser und Kirchen nur gering in Mitleidenschaft gezogen. Das Kriegsgeschehen verlagerte sich mehr auf zentrale Stadtteile und Industriegebiete Berlins. Vor allem die weitgehende Unversehrtheit der Infrastruktur und die günstigen Verkehrsanbindungen von Karlshorst dürften die sowjetischen Alliierten stimuliert haben, sich hier zu etablieren. Dass die Oberkommandierenden der 1. Belorussischen Front 1945 einige Tage in der Prinz-Heinrich-Straße 17 (ab 1951: Wandlitzstraße 37), dann in der ehemaligen Heerespionierschule ihren Sitz nahmen, war also keinem Zufall geschuldet. Letztere wurde mit sowjetischer Administration, mit Militär und dem KGB über fast ein halbes Jahrhundert zu einer zentralen Einflussgröße.

Zwieseler Straße, Kaserne nach Abzug des Sowjet-Militärs, Hauptgebäude, 1995

Der Forschungsstand zu den Planungen in den fünfziger Jahren, die eine Übergabe von Gebäuden an die Regierung der DDR für die Nutzung von Ministerien, unter anderem für den Schwermaschinenbau und für das Bauwesen mit der Bauakademie vorsahen, muss gegenwärtig noch als unzureichend betrachtet werden.

Das einstige militärische Zentrum und sein Umfeld haben sich durch Bestandssanierung, Umbau und Neubebauung heute in ein ziviles Stadtgebiet verwandelt. Die Umwandlung begann 2012, als entlang der Zwieseler Straße die neuen Stadtteile »Am Biesenhorster Sand« mit dem Bunker zwischen Viechtacher- und Robert-Siewert-Straße und »Am Stadtgarten« mit der ehemaligen Pionierschule und dem Deutsch-Russischen Museum entstanden. Die Planungen gehen auf das Architekturbüro Klaus Theo Brenner zurück. Gegenwärtig bereitet der private Investor die Quartiere »An der Promenade« vor, die bis 2030 abgeschlossen sein sollen.[69]

Wo der Zweite Weltkrieg endete

Adolf Hitler hatte sich noch nicht umgebracht und noch schwiegen die Waffen nicht endgültig, da brachte ein resoluter Russe den kriegsgebeutelten Berlinern bereits etwas Normalität in ihre Lage. Der in Petersburg geborene Generaloberst Nikolaj Bersarin (1904–1945) wurde am 24. April 1945 durch Marschall Georgij Shukow (1896–1974) als Stadtkommandant – ab 28. April für ganz Berlin – beauftragt.

Es musste schließlich in die Zukunft gedacht werden. Dahinter verbarg sich freilich politisches Kalkül – wohlwissend um den Vorgriff auf die Teilung der Stadt in Sektoren der Alliierten. Aber wer weist der Geschichte ihre Inhalte zu? Bersarin selbst bekannte gegenüber einem sowjetischen Sonderkorrespondenten: »Ich war mein ganzes Leben hindurch Soldat«, »ich lernte kämpfen, und nun soll ich auf einmal nicht mehr gegen die Deutschen kämpfen, sondern ihnen helfen.«[70], was er als Besatzungschef offensichtlich sogar tat. Jedenfalls wird über die knapp sechs Wochen seiner Amtszeit berichtet, er habe die Menschen mit Nahrung versorgt und weitgehend die Infrastruktur in der Stadt wieder hergestellt, dabei auch plündernde und vergewaltigende sowjetische Soldaten gestraft. Am 19. Mai führte er den ersten Nachkriegsmagistrat ins Amt ein. Dem Schauspieler Heinrich George, den das NKDW im Mai mehrfach verhaftet hatte, soll er auf Bitten eines Freundes einen »Schutzbrief« ausgestellt haben.[71] George starb 1946 im sowjetischen Haftlager Sachsenhausen.

Bersarins Militärkommandantur begann ihre Tätigkeit zunächst in der Pionierschule Karlshorst, befand sich nach dem 8. Mai in der Straße Alt-Friedrichsfelde 1 und später in Berlin-Mitte, aber da lebte er schon nicht mehr. Am 16. Juni war Bersarin in Berlin-Friedrichsfelde auf seiner Harley-Davidson tödlich verunglückt, als er um fünf Uhr am Morgen in einen sowjetischen Lastwagenkonvoi gerast war. Der Kommandeur ruht auf dem Nowodewitschi-Friedhof in Moskau. Zuerst wurde er aber in Berlin vor dem Gebäude der Sowjetischen Militäradministration in Karlshorst beigesetzt, in Art eines Denkmals unter einem fünf Meter hohen Obelisk aus rotgetünchtem Furnierholz mit einem Sowjetstern. Wegen seiner damaligen Verantwortung für den Aufbau der Stadt steht Bersarin auf der Ehrenbürgerliste von Berlin, was eine Zeit lang umstritten war, unter anderem, weil er unter Stalin Karriere gemacht hat.[72]

Vor allem wurde Karlshorst aber weltweit zum Inbegriff für das Kriegsende 1945. Das Offizierskasino der ehemaligen Festungspionierschule bildete den Rahmen.

Schon am 4. Mai war im britischen Hauptquartier in Lüneburg eine deutsche Teilkapitulation und am 7. Mai im amerikanischen Hauptquartier in Reims die »bedingungslose Kapitulation« der Wehrmacht unterzeichnet worden. Maßgeblich Stalin drängte auf eine Wiederholung im Beisein aller Alliierten. Als die ranghohen Vertreter der Anti-Hitler-Koalition in das kaum zerstörte Karlshorst geleitet wurden, zeigte sich ihnen, die dem Leid in den Vernichtungslagern der Nazis ein Ende bereitet hatten, der Sieg über Nazideutschland nochmals in seiner Stärke. Ihren Weg kreuzte ein langer Zug befreiter Gefangener, wie Vorboten der künftigen Politik. Über den Köpfen wehten die Fahnen von vielen Ländern.[73]

Extra für das historische Prozedere war am Ort des Treffens der 200 Quadratmeter große Saal mit Mobiliar aus der Reichskanzlei ausgestattet worden. Neben den Vertretern der verbündeten Siegermächte Marschall Shukow, Luftmarschall Tedder, General Spaatz und General de Lattre de Tassigny hatten sich zahlreiches Militär und Journalisten eingefunden. Den Deutschen, Generalfeldmarschall Keitel (für die Wehrmacht und das Heer), Generaloberst Stumpff (für die Luftwaffe) und Generaladmiral von Friedeburg (für die Marine), wurde der Text des Abkommens vorgelesen.[74] Dann unterschrieben sie die von den Alliierten aufgesetzte Urkunde der bedingungslosen Kapitulation des Deutschen Reiches für alle Wehrmachtsteile. Die Zeremonie nahm etwa fünfzig Minuten in Anspruch. Nachdem Keitel und seine Leute den Saal verlassen hatten, fand bis in die frühen Morgenstunden ein Festbankett statt.[75]

Die Gesamtkapitulation trat am 9. Mai, 00:01 Uhr mitteleuropäischer Zeit (MEZ), in Kraft. Militärisch hörte das nationalsozialistische Deutschland auf zu existieren. Offiziell übernahmen die vier Siegermächte dann in einer Proklamation vom 5. Juni 1945 die Regierungsgewalt. Die Urkunde der Kapitulation datierte zwar auf den 8. Mai 1945, die Unterzeichnung verzögerte sich jedoch auf kurz nach Mitternacht auf den 9. Mai. Die Angaben variieren auch wegen der in jenen Wochen in Berlin geltenden Moskauer Zeit. Viele beteiligte Länder begehen jedoch den 8. Mai als Feiertag des Kriegsendes und der Befreiung, Moskau feiert ihn einen Tag später als »Tag des Sieges«.

Deutsch-Russisches Museum, 2018

Vom »Kapitulationsmuseum« zum »Deutsch-Russischen Museum«

Das geschichtsträchtige Gebäude der Unterzeichnung der Kapitulation 1945 macht Karlshorst bis heute zum Anziehungspunkt. Zugänglich ist es inzwischen als Deutsch-Russisches Museum, erreichbar unter der Adresse Zwieseler Straße 4, Ecke Rheinsteinstraße. Vom S-Bahnhof Karlshorst dauert es nur eine gute Viertelstunde Fußweg. Es ist die einzige museale Einrichtung in der Bundesrepublik Deutschland, die von beiden Staaten getragen wird. Bis sie nach dem Fall der Mauer 1989 von den ehemaligen Kriegsgegnern gemeinsam gestaltet wurde, handelte es sich um ein rein sowjetisches Militärmuseum aus Besatzungszeiten. Der Militärrat der Gruppe der sowjetischen Streitkräfte in Deutschland besaß ein starkes Interesse daran, den Schrecken des Krieges, der die Sowjetunion zweifellos einen unvergleichlich hohen Blutzoll kostete, für Erziehungszwecke der eigenen Soldaten wachzuhalten. Vornehmlich auf diesen ging 1966 der Beschluss für die Gründung des »Museums der bedingungslosen Kapitulation des faschistischen Deutschland im Großen Vaterländischen Krieg 1941–1945« zurück. Seine Eröffnung

Saal der Kapitulationsunterzeichnung, 2018

am 5. November 1967 fiel auf den Vorabend des 50. Jahrestages der russischen Oktoberrevolution. Kurz als »Kapitulationsmuseum« bezeichnet, bildete es mit den sowjetischen Ehrenmalen in Treptow und Schönholz einen zentralen Bestandteil der von der UdSSR in der DDR forcierten und von der SED verordneten Gedenkkultur. In diesem Kontext war für die Rheinsteinstraße von 1976 bis 1992 Fritz Schmenkel (1916–1944) der neue Namensgeber. Er hatte sich im Zweiten Weltkrieg als Wehrmachtssoldat im Gebiet Smolensk einer belorussischen Partisaneneinheit angeschlossen und dort gekämpft, geriet in deutsche Gefangenschaft und wurde erschossen.

Die damalige Museumsausstellung glich mit vielen militärischen Beigaben versehen einem Traditionskabinett. Alles gruppierte sich um den fast unveränderten Kapitulationssaal und das Arbeitszimmer von Shukow. Von historischen Vorgängen zeugten solche Exponate wie das Diorama »Sturm auf den Reichstag«, ein Miniaturmodell von der Vorbereitung der Berliner Operation und die sogenannte Hitler-Karte aus dem Bunker der Reichskanzlei. Desgleichen waren und sind auch heute noch auf dem Außengelände militärische Großobjekte einbezogen, wie der sowjetische T34-Panzer. Im Armeemuseum fanden Vereidigungen sowjetischer Soldaten und Veranstaltungen statt. In den folgenden Jahren öffnete es sich auch für deutsche Besucher und diente in diesem Zusammenhang der Hervorhebung der von staatlicher Seite gewollten deutsch-sowjetischen Freundschaft und der Unterstreichung der »Waffenbrüderschaft« zwischen der Nationalen Volksarmee der DDR und der Sowjetarmee.[76]

Anfang der neunziger Jahre wurde das Haus geschlossen, aber anlässlich des 50. Jahrestages des Kriegsendes in Europa am 8. Mai 1995 als »Deutsch-Russisches Museum« mit einer neuen Präsentation, die von einer deutsch-russischen Expertenkommission verfasst worden war, wiedereröffnet. Beibehalten wurde über dem Eingangsbereich des Museums der große Schriftzug »Slawa welikoi pobedje« – »Ruhm dem großen Sieg«. Als gegenwärtiger Endpunkt rückt die 2013 konzipierte Dauerausstellung mit Informationen, Darstellungen und vielen Original-Gegenstände von der Front, Feldpostbriefen, Kriegs- und Nachkriegsfotografien das Geschehen noch näher in seine Zeit. Im Fokus stehen die Aufklärung über den Vernichtungskrieg gegen die Sowjetunion, die Erinnerungskultur und die bis in die Gegenwart reichenden Folgen des von Hitlers Regime entfesselten Krieges. Dieser Motivation entsprechen auch die Veranstaltungen, Sonderausstellungen und das Fest zur »Erinnerung an den Frieden« mit deutsch-russischen Begegnungen, das jedes Jahr am 8. Mai stattfindet.

SOWJETISCHES »MILITÄRSTÄDTCHEN«

Sieger, Befreier und Besatzer

Nach der Besetzung von Karlshorst Ende April 1945 nahm die Sowjetische Militäradministration in Deutschland (SMAD) zwischen den bürgerlichen Villen ihr Hauptquartier ein. Der Hauptstab residierte im »Kapitulationsgebäude«, dem Offizierskasino der ehemaligen Pionierschule, ein Teil der Verwaltung nahm ihren Sitz im Schulgebäude an der Treskowallee, wo heute die Hochschule für Technik und Wirtschaft ist. Offiziell war die Gründung der SMAD seit dem 9. Juni 1945 bekannt.[77] Jenes oberste Organ zur »Durchführung der Kontrolle über die Erfüllung der Deutschland durch die bedingungslose Kapitulation auferlegten Bedingungen und zur Verwaltung der sowjetischen Okkupationszone in Deutschland« war auch für die Sicherung der Interessen und des politischen Einflusses der UdSSR in der Deutschlandpolitik ausschlaggebend und stellte die Weichen für einen sowjetisierten deutschen Teilstaat.[78] An seiner Spitze standen Oberbefehlshaber der sowjetischen Streitkräfte, bis April 1946 Marschall Shukow, nachfolgend Marschall Sokolowski und ab März 1949 General Tschuikow.

Das »Erbe des Sieges« (»Naslednik Pobedi«), so der Titel einer sowjetischen Armeezeitung, nahm jetzt seinen Lauf.

De facto wurden von Karlshorst aus nach Moskauer Vorgaben die Geschicke in der sowjetisch besetzten Zone (SBZ) wie auch in den ersten Jahren nach Gründung der DDR gelenkt. Eine Politverwaltung sorgte für die Überwachung und Kontrolle der politischen Parteien und Organisationen und eine Spezialabteilung »Zensur« bearbeitete die Presse, Filme und den Rundfunk und hatte auf dem Schulsektor die Lehrpläne und Schulbücher nach sowjetischen Maßstäben auszurichten. Für die Verwaltung Wirtschaft mit der Abteilung für Reparationen mussten die Marienschwestern das St. Antonius-Krankenhaus an der Köpenicker Allee räumen. Von seiner brisanten Nutzung zwischen 1945 bis 1949 als Verhörort des sowjetischen Geheimdienstes erfuhr man erst in den letzten Jahren durch Zeitzeugen. Hinzu kamen Abteilungen der Justizverwaltung, die Gruppe der rein militärischen

Befehl Nr. 1

den 9. Juni 1945 **Stadt Berlin**

Ueber die Organisation der militärischen Administration zur Verwaltung der sowjetischen Okkupationszone in Deutschland

Hiermit wird zur allgemeinen Kenntnis folgendes bekanntgegeben:

1. Zur Durchfürung der Kontrolle über die Erfüllung der Deutschland durch die bedingungslose Kapitulation auferlegten Bedingungen und zur Verwaltung der sowjetischen Okkupationszone in Deutschland wurde die Sowjetische Millitärische Administration gebildet.

2. Zum Obersten Chef der Sowjetischen Militärischen Administration wurde ich ernannt.

Zum ersten Stellvertreter des Obersten Chefs der Militärischen Administration wurde Armeegeneral W. D. Sokolowski ernannt

Zum Stellvertreter des Obersten Chefs in Sachen der Ziviladministration wurde Generaloberst I. A. Serow ernannt.

Zum Stabschef der Sowjetischen Militärischen Administration wurde Generaloberst W. W. Kurasow ernannt.

3. Der Standort der Sowjetischen Militärischen Administration ist die Stadt Berlin.

Der Oberste Chef der Sowjetischen
Militärischen Administration
Oberbefehlshaber der Sowjetischen Okkupationstrupp
in Deutschland
Marschall der Sowjetunion G. K. Shukow
Der Stabschef der Sowjetischen Militärischen Administra
Generaloberst W. W. Kurasow

Befehl Nr. 1 der SMAD

»Machorka-Express«, 1949

Verwaltung sowie die Verwaltungen für Gesundheitswesen, Verkehrswesen und Aufklärung.[79] In dem 1948 extra für die SMA errichteten Bürogebäude Grafenauer Weg 18/Rheinpfalzallee, das zunächst als Lazarett diente, saß allem Anschein nach auch die für politische Sicherheit zuständige Verwaltung für innere Angelegenheiten. Später waren es Ämter der Zollverwaltung der DDR. Seit 1990 ist die bbw Akademie für Betriebswirtschaftliche Weiterbildung GmbH, ein Bildungswerk der Wirtschaft, Eigentümer des sanierten Gebäudetrakts in der Rheinpfalzallee 82.

In der Waldowallee 36, um ein weiteres Beispiel zu nennen, war die Fahrbereitschaft der SMA stationiert.[80] Auch lag noch eine sowjetische Dependance in der Wendenschloßstraße in Köpenick. Ab dem Frühjahr 1946 pendelte einige Jahre von der Dönhoffstraße über Schöneweide der im Volksmund genannte »Machorka-Express« dorthin, eine ursprünglich als rotlackierte Militär-Straßenbahn mit sowjetischem Emblem vorgesehene Linie. In den schließlich herkömmlichen gelben Straßenbahntriebwagen durfte ab 1948 auch die Öffentlichkeit mitfahren.[81]

Daneben verfügte die UdSSR in Karlshorst über ein gesondertes Konsulat, dem bis zur Gründung der DDR die Aufgabe über die »Genehmigung von Zuzügen aus dem Ausland nach Berlin« zukam.[82]

Spitzenpolitiker der in Ostdeutschland etablierten Parteien und der ostdeutschen Administration hatten sich wiederholt bei der SMA einzufinden. Allein der Vorsitzende der SED, Wilhelm Pieck, wurde in den Jahren von 1946 bis 1951 nachweislich mehr als zwanzigmal einbestellt, um ihn über die sowjetischen Vorgaben in der Innen- und Deutschlandpolitik zu instruieren.[83]

Am 22. April 1950 wurden ebenfalls der evangelische Bischof Otto Dibelius (1880–1967) und der Generalsuperintendent Friedrich-Wilhelm Krummacher (1901–1974) zu einer Unterredung nach Karlshorst geladen, als Reaktion auf ein Schreiben von Dibelius an Tschuikow, in dem er die Moskauer Führung zu einem Gnadenerweis gegenüber den in der Sowjetunion verurteilten deutschen Kriegsgefangenen gedrängt und eine rechtsstaatliche Behandlung für künftige Prozesse angemahnt hatte. Es blieb nicht das einzige Treffen mit ostdeutschen Kirchenvertretern.[84]

Auch der historische Kapitulationssaal trat wiederholt für größere Ereignisse in Erscheinung. Hier händigte Tschuikow im September 1949 der provisorischen Regierung der DDR die Ernennungsurkunden aus und übergab am 10. Oktober 1949 dem Ministerpräsidenten der drei Tage zuvor gegründeten DDR, Otto Grotewohl, seine Verwaltungsvollmachten in der SBZ. Danach endete die Tätigkeit der SMAD. Die Sicherung der sowjetischen Machtausübung und anhaltenden Kontrolle der DDR-Regierung übernahm als verkleinerte Nachfolgeorganisation die Sowjetische Kontrollkommission (SKK), die unter Tschuikow weiter von Karlshorst aus arbeitete.

Veränderungen ergaben sich, nachdem Wünsdorf endgültig zum Sitz des Oberkommandos der Gruppe der Sowjetischen Besatzungstruppen in Deutschland (GSBT), ab 1954 umbenannt in Gruppe der Sowjetischen Streitkräfte in Deutschland (GSSD), erklärt wurde. Dorthin erfolgte, wie auch nach Bernau bei Berlin, der Abzug des sowjetischen Militär- und Verwaltungsapparates. Vorausgegangen war diesem im Mai 1953 die Auflösung der SKK. An ihre Stelle trat der »Hohe Kommissar der UdSSR in Deutschland«, mit Wladimir Semjonow als dem höchsten sowjetischen Repräsentanten in der DDR, der bis 1954 seinen Sitz in Karlshorst behielt. Als 1953 die Proteste in Ost-Berlin zum Volksaufstand in der DDR eskalierten, verbrachten auf seine Anordnung hin die Staatsführung der DDR, Grotewohl und Pieck sowie der Chefredakteur des Zentralorgans der SED »Neues Deutschland« (ND), Rudolf Herrnstadt, den kritischen 17. Juni und die darauf folgende Nacht in Karlshorst. Hier beriet man über weitere Maßnahmen und über das Eingreifen bewaffneter Kräfte. Herrnstadt schilderte die Situation folgendermaßen: »Für den 17. Juni früh war um 10 Uhr eine Sitzung des Politbüros angesetzt. Inzwischen hatten die Unruhen begonnen. Als ich im ZK ankam, wurde uns mitgeteilt, Genosse Semjonow habe angerufen, das ganze Politbüro solle sofort nach Karlshorst kommen. (...) In Karlshorst wurden wir in das Zimmer des Hohen Kommissars geführt. Dort standen wir zunächst, da die sowjetischen Genossen vollauf beschäftigt waren, überflüssig herum. Die Lage ähnelte manchen Situationen in der PUR während des Krieges, als die Sowjetunion für uns focht. Nur befanden wir uns jetzt in Berlin, in unserer eigenen Hauptstadt. Auch waren seitdem zehn Jahre vergangen.«[85] Letztlich wurde der Ausnahmezustand ausgerufen und in der Berliner Innenstadt fuhren Panzer der Sowjetischen Besatzungstruppen auf.

Unmittelbar nach dem Abschluss der Moskauer Verträge 1955, in deren Folge die UdSSR der DDR zumindest offiziell die volle Souveränität gewährte, erübrigte sich das Amt des Hohen Kommissars durch die »Botschaft der UdSSR in der DDR«.[86] Botschafter Puschkin, der als Nachfolger Semjonows bereits in Karlshorst beide Ämter in Personalunion in den letzten Monaten ausgeübt hatte, zog sich daraufhin in seine Botschaftsresidenz Unter den Linden zurück.

Hinter dem grünen Zaun – Sperrgebiete

Nach dem Einrücken der Roten Armee schien es anfangs, als würde Karlshorst nicht anders behandelt werden als die anderen sowjetisch besetzten Stadtteile Berlins. Am 3. Mai 1945, also einen Tag nach der Einnahme Berlins, ereilte die nördlich der S-Bahntrasse wohnende Zivilbevölkerung aber die Weisung zur Räumung ihrer Wohnungen und Häuser innerhalb von 24 Stunden. Eine Zeitzeugin erinnerte sich an jene schicksalsschweren Tage wie folgt: »Wie ein Riesenbienenschwarm ... strömten ... Frauen, Kinder, Alte, Kranke mit dem, was sie tragen konnten, aus Karlshorst heraus. Die Rote Armee hatte sie kurzerhand aus ihren Häusern und Wohnungen vertrieben, um selbst einzuziehen. Viel durften die Unglücklichen nicht mitnehmen – fast alles mußten sie zurücklassen … Nun irrten sie in der total überfüllten Stadt umher und suchten nach einer neuen Bleibe.«[87]

Nach den vorliegenden Schätzungen der Bezirksbehörde Lichtenberg vom 14. August 1945 wurden in jenen Tagen sofort 26.000 Karlshorster »evakuiert«, also über zwei Drittel der Einwohnerschaft.[88] Der Exodus soll viele Suizidfälle gefordert haben, die überproportional die ohnehin hohe Zahl von Selbstmorden in anderen Teilen der Stadt nach dem Zusammenbruch des NS-Regimes noch um ein Vielfaches überstiegen.[89]

Mit der Beschlagnahme errichtete die Sowjetarmee in Karlshorst ein geschlossenes Sperrgebiet, welches ihrer Sicherheitsdoktrin nach größtmöglicher Abschottung entsprach. Bewohner des sogenannten Prinzenviertels durften zwar bald in ihre Wohnungen zurückkehren, zwischen Bahnhof und Waldowallee war aber beiderseits der Treskowallee wie teils auch in den Seitenstraßen das Stadtgebiet gesperrt.[90] Das verschärfte sich 1947 durch eine Sperranlage in Höhe der Junker-Jörg-Straße in der Dönhoffstraße, einem wichtigen Durchgang zum Bahnhof. Desolate Abschnitte in der Zaunanlage ermöglichten dem Ortskundigen aber ein heimliches Betreten, was zum Tausch- und Schwarzhandel zwischen Deutschen und sowjetischen Armeeangehörigen führte.

Abgesehen davon, dass in den ersten Jahren innerhalb von Karlshorst ab 21 Uhr ein Parolensystem galt, demzufolge sich nur Eingeweihte ungehindert auf den Straßen bewegen konnten, bedurfte es für das Betreten des »Klein Moskau« genannten abgesperrten Territoriums eines Passierscheins – eines »Propusks«. Hinein und wieder hinaus kam man nur über die streng bewachten Kontrollpunkte unter der Bahnbrücke an der Treskowallee, später auch an der Dönhoffstraße Ecke Treskowallee. Weitere Zugänge befanden sich an der sogenannten »Scharfen Ecke« an der Treskow-, Ecke Waldowallee, und am Rondell Rheinstein-, Ecke Ehrenfelsstraße. Dahinter lagen der Sitz der Sowjetischen Militäradministration und ihrer zahlreichen Institutionen sowie von anderen zivilen und militärischen Behörden. Die Durchlasskontrollen nahmen sowjetische und deutsche Posten vor. Neben den Schlagbäumen hatten beide Seiten ihr eigenes Wachhäuschen errichtet. Hinzu kam südlich des Bahnhofs, auf dem Gelände, auf dem sich

Restaurant »Zur Scharfen Ecke«, 1917

ursprünglich der bahnseitige Zugang zur Tribüne der Trabrennbahn befand, ein als Sperrgebiet verfügter »Vergnügungspark«. Den betrieb die Besatzungsmacht von 1946 bis zur Freigabe des Terrains auf Bitten des Bezirksbürgermeisters Schalkowski Anfang 1950 ausschließlich für ihre Armeeangehörigen.[91]

Innerhalb der besonderen politischen Situation Berlins ließen sich die großräumig praktizierten Absperrungen und die hieraus resultierenden Spannungen mit der Bevölkerung langfristig kaum aufrechterhalten. Nach einer Darlegung vom Juni 1948 hielt die sowjetische Administration im gesamten Ortsteil weiterhin 3700 Wohnungen und 150 Läden mit Wohnungen beschlagnahmt.[92] Überraschend hob sie aber wenige Tage nach Stalins 70. Geburtstag den gesperrten Sektor westlich der Treskowallee auf, somit auch in der Dönhoffstraße.[93] In der Weihnachtsnacht 1949 um 24 Uhr fielen die ersten Zäune. 581 Wohnungen wurden dadurch frei, 1950 folgten weitere 1191[94], auch die katholische Pfarrkirche St. Marien in der Gundelfingerstraße ging an die Gemeinde zurück. Sie hatte der Roten Armee als Lagerhalle und Viehstall, deren Pfarrhaus als Kino, Offizierskasino und Gefängnis gedient.

Die Räumung der Stolzenfelsstraße geschah erst nach der Eröffnung des Garnisonklubs »Dom Offizjerow Garnisony« beziehungsweise dem »Haus der Offiziere« am 3. Oktober 1949.[95] Die sogenannte »Russenoper« entstand als eine deutsche Reparationsleistung . Zum anderen zog sich die SMA aus dem außerhalb der Absperrungen zwischen Römerweg und Treskowallee liegenden Kant-Realgymnasium zurück. Ab 1954 erfolgte die Rückgabe von weiteren Gebäuden, darunter 1955 die ebenfalls durch sowjetisches Militär zweckentfremdet genutzte evangelische Kirche »Zur frohen Botschaft« in der Weseler Straße.

Überraschend wurden in den frühen Morgenstunden des 26. Mai 1963 die Sperrzäune endgültig aufgehoben.[96] Vor dieser Maßnahme war der Abzug des sowjetischen Militär- und Verwaltungsapparates nach Wünsdorf und Bernau bei Berlin erfolgt, nachdem die SMAD die Militärhoheit über Ost-Berlin für beendet erklärt hatte. Desgleichen wurde die sowjetische Kommandantur Berlin aufgelöst, ihre militärisch-verteidigungspolitischen Aufgaben fielen nun an die DDR. Mit der Eingliederung von Grenzbrigaden der Grenztruppen unter die neu aufgestellte »Stadtkommandantur Berlin« (SKB) ging die Eingliederung in die NVA einher. Für das nun bestehende Grenzkommando Mitte (GKM) wurde ein Sitz in Karlshorst in der Siegfried-Widera-Straße 11 ausgebaut. Der Stab des GKM hatte seinen Sitz in der Nummer 46.[97] Die Straße erhielt 1976 den Namen nach einem Grenzsoldaten der DDR, der nach einem Zwischenfall an der Grenze von Ost- und Westberlin im Abschnitt Treptow schwer verletzt wurde und verstarb. Davor hieß sie Dewetallee, seit 1995 ist es die Rheinpfalzallee.

Lediglich das Sperrgebiet an der Zwieseler Straße blieb noch bis 1994 bestehen. Das Gebiet östlich der Treskowallee und nördlich des S-Bahnhofes bildete den Sicherungsbereich Karlshorst, in dem ein verschärftes Überwachungs- und Observationsreglement galt. Es betraf unter anderem die Frage, wer hier wohnen beziehungsweise welche Institutionen und Betriebe hier einquartiert werden durften. Gleichfalls regulierten DDR-Regierungsstellen und das Ministerium für Staatssicherheit (MfS) den Zuzug nach Karlshorst. Nur in Ausnahmefällen konnten frühere Eigner in die requirierten Häuser zurückkehren.

In einige der im Laufe der Jahre von sowjetischen Stellen freigegebenen Villen zogen neben Künstlern und Kulturschaffenden vor allem Vertreter der DDR-Funktions- oder auch Machtelite. So wohnten im Gregoroviusweg unter anderen Waldemar Schmidt (1909–1975), bis

Ehemals Grenzkommando Mitte der Grenztruppen der DDR, Grafenauer Weg/ Siegfried-Widera-Straße, 1980

1953 Polizeipräsident Ost-Berlins, Paul Peschke (1890–1983), von 1951 bis 1954 Direktor der Sozialversicherung der DDR, Erhard Lonscher (1925–2013), Mitglied des Parteivorstands und Schulleiter der NDPD-Parteischule Waldsieversdorf, Otto Nuschke (1883–1957), CDU-Vorsitzender in der SBZ und in der DDR und stellvertretender Ministerpräsident der DDR sowie Willi-Peter Konzock (1902–1984), langjährig stellvertretender Vorsitzender der LDPD und Abgeordneter der Volkskammer.

Weitere erwähnenswerte Straßen sind der Horterweg, wo der Minister für Handel und Versorgung, Curt Wach (1906–1974), wohnte und, in der Nummer 6, Hermann Axen (1916–1992), Sekretär und späteres Mitglied des Politbüros des ZK der SED sowie die Warmbader Straße, wo der 1955 bis 1958 amtierende Minister für Erzbergbau und Hüttenwesen, Rudi Steinwand (1906–1982), und der Schriftsteller, Parteifunktionär und unter anderem Minister für Industrie, später Minister für Schwerindustrie, Fritz Selbmann (1899–1975), lebten. Heinz Keßler (1920–2017), Ex-Armeegeneral der DDR, kaufte in der Köpenicker Allee 54 ein Haus. Ende der achtziger Jahre lebte für drei Jahre in einer Villa in der Waldowallee 106 Konrad Naumann (1928–1992), der 1. Sekretär der Berliner SED-Parteileitung und Politbüromitglied. Andere Gebäude belegten DDR-Regierungsstellen und das MfS[98]. In Wohnungen, Miethäusern und teils repräsentativen Villen hatten damals auch einige Länder ihre Botschaften, Botschafter ihre Residenzen und es lebten dort auch viele Diplomaten.

»Parallelgesellschaften«

Etwa tausend Einfamilien- und mehrgeschossige Wohnhäuser in Karlshorst wurden den sowjetischen Streitkräften 1957 von der DDR vertraglich überlassen.[99] Bauliche Maßnahmen sollten zum Teil noch die deutschen Eigentümer finanzieren, einige wurden auch widerrechtlich enteignet.[100] Viele der Quartiere waren durch Beschlagnahme aber längst von sowjetischen Offizieren bewohnt. Sie durften ihre Familien mitbringen und blieben im Schnitt vier bis fünf Jahre. Hinzu kamen Zivilangestellte und der KGB mit seinem Tross. Später montierten Berliner Wohnungsbauer für sie zusätzlich Häuser in Plattenbauweise. An der Treskowallee beispielsweise einen Elfgeschosser, der bei Abzug der Armee 1994 so erheblich marode war, dass er abgerissen werden musste.

Für die Karlshorster war sowjetisches Militär in Uniform nun unübersehbar präsent. Nicht selten wohnten sie Tür an Tür mit deutschen Familien. Das Land kannten sie kaum. Es war klar, dass die Besatzung nicht bei jedem DDR-Bürger Akzeptanz fand. Da half auch die staatlicherseits verordnete Freundschaft zur Sowjetunion wenig. Wiederum waren auch seitens der sowjetischen Armee engere Verbindungen zur deutschen Bevölkerung nicht erwünscht. Eine Offiziersfamilie, die mit einer deutschen Familie Bekanntschaft schloss, wurde sogleich vom militärischen Sicherheitsdienst unter die Lupe genommen. Für größte Aufregung sorgte die Beziehung eines Armeeangehörigen zu einer deutschen Frau. Üblicherweise folgte seine Versetzung in die Sowjetunion, nur in Ausnahmen kam es über die Konsularabteilung der sowjetischen Botschaft zur Eheschließung.

Und doch passten sich mit der Zeit über alle Schranken hinweg beide Seiten der Situation an. Man pflegte miteinander einen toleran-

Drushba-Fest im Stadtpark Lichtenberg, 1983

ten, aber distanzierten Umgang. Kontakte kamen meistens nur im organisierten Rahmen zustande. So veranstaltete der Bezirk Lichtenberg seit den siebziger Jahren alljährlich das deutsch-sowjetische »Drushba-Fest« im Stadtpark und den »Ball der Freundschaft« in Karlshorst.

Freilich gingen die über Jahrzehnte hinweg parallel existierenden unterschiedlichen Welten nicht spurlos an Karlshorst vorbei. Das stationierte Militär führte hier ein weitgehend autarkes Leben. Davon zeugte ein Gemisch von eigenen Versorgungseinrichtungen, von Verkaufsstellen und kleinen Warenhäusern, die teils auch Deutschen offen standen. Zu nennen sind an größeren Geschäften die Kaufhäuser »Acho«[101] für Lebensmittel und »Univermag« für Textilien in der Treskowallee sowie ein HO-Kaufhaus für Lederwaren und ein Kinderkaufhaus in der Rheinsteinstraße. Etwas aus den Rahmen fielen das deutsch-russische Maßatelier Pickelhaupt & Jeschonnek in der Dönhoffstraße und der Friseur »Parikmacherskaja Salon«.[102] Hinzu kamen eine Buchhandlung in der Ingelheimer-, Ecke Königswinter Straße, eine Bank in der Köpenicker Allee[103] und überdies das für Versorgungs- und Wohnungsfragen zuständige Amt »Ketsch« (»Kwartirni Explotationi

Kulturhaus Karlshorst, Veranstaltungsankündigung zum Ball der Freundschaft, 1983

Tschasti«) in der Rheinsteinstraße 17[104], Ecke Königswinter Straße. Des Weiteren gehörten das bereits erwähnte »Haus der Offiziere« in der Ehrenfelsstraße und der Offiziersklub »Wolga« am Grafenauer-, Ecke Bodenmaiser Weg[105], dazu.

In der Rheinsteinstraße 5 befand sich eine sowjetische Abendschule. Auch die Gemeindeschule zwischen Treskowallee und Gundelfingerstraße 10–11 war in sowjetischer Hand. Wie in der Schule in der Rheinstein-, Ecke Honnefer Straße, wurden hier sowjetische Kinder unterrichtet.

Jedoch bestanden zwischen der relativen Freizügigkeit und dem Lebensstandard der Offiziersfamilien und den in Karlshorst stationierten, durchschnittlich 18 bis 20 Jahre alten Soldaten erhebliche Unterschiede. Für Letztgenannte verlief die Wehrpflichtzeit in der DDR ausschließlich von der Außenwelt abgeschnitten hinter den mit Mauern und Stacheldraht verschanzten beiden sowjetischen Kasernen, in die Zivilisten keine Einblicke hatten. Zum einen handelte es sich um die Kaserne auf dem Areal der ehemaligen Festungspionierschule. Das hier stationierte sowjetische Wachregiment sicherte KGB-Objekte und die sowjetische

Botschaft Unter den Linden ab. Die spätere »Berliner Brigade« bezog 1967 die zwischen der Trabrennbahn und dem Volkspark Wuhlheide neu gebaute Kaserne an der Treskowallee 175 (damals: Hermann-Duncker-Straße). Schräg gegenüber lag das sowjetische Militärhospital, zuvor das Königin-Elisabeth-Hospital. Jene »Berlinskaja-Brigada« stellte die Bewachung für das Spandauer Gefängnis für NS-Kriegsverbrecher und an den sowjetischen Ehrenmalen in Treptow und im Tiergarten.[106] In ihre alte Kaserne an der Zwieseler Straße zog ein Panzerbataillon, das bei eventuellen Konflikten mit den Westalliierten in Berlin eingreifen sollte und 1968 an der Niederschlagung des »Prager Frühling« beteiligt war.

Auch der Militärstandort an der Treskowallee sagt heute vielen Berlinern nichts mehr. Früher kauften im »Russen-Magazin« mitunter auch Ostberliner ein. Im Laden soll es öfter mal Bananen und Ölsardinen gegeben haben.

Zeitweise waren in der Kaserne bis zu 4000 Rekruten verpflichtet, immer für zwei Jahre. Lediglich einmal konnten sie zu ihren Familien in die Sowjetunion fahren. Ausgang hatten sie nur zu offiziellen Anlässen oder einmal im Monat am Sonntag kollektiv in Gruppen und nur in Offiziersbegleitung. So sollten »unerwünschte Kontakte« verhindert und disziplinarische Verstöße vermieden werden. An Sold erhielten sie monatlich bescheidene 25 DM und eine Tabakration von 15 Schachteln Zigaretten. Nichtraucher bekamen eine Extraration Zucker.[107]

Noch keine drei Jahrzehnte ist es nun her, da zeigte die Perestroika-Politik Michail Gorbatschows ihre Wirkung. Vor dem Abzug der Sowjet-Truppen aus Deutschland öffneten sich am 2. September 1990 bei einem »Tag der offenen Tür« erstmals in Karlshorst die Kasernentore für alliierte Offiziere und Medien, aber auch für Bürger. Als die GUS-Truppen[108] Deutschland verließen – die Berlin-Brigade war eine der letzten abziehenden Militäreinheiten – sangen die jungen Soldaten am 31. August 1994 bei der letzten Berliner Parade: »Deutschland, wir reichen dir die Hand … Wir bleiben Freunde allezeit … Leb' wohl, Berlin.« Es waren freundliche und offene Worte. Zu Hause erwarteten die Soldaten keine Wohnung und keine gesellschaftliche Anerkennung.

Mit dem Ende der Besatzungszeit wurden in Karlshorst schlagartig über 1020 Wohnungen frei. Um sie wieder bewohnbar zu machen, waren bei fast allen Häusern umfangreiche Baumaßnahmen erforderlich. Auch die Kasernen benötigte man nicht mehr. An der Treskowallee

Beräumtes ehemaliges Kasernen Gelände, Treskowallee, 2005

wurden rund 50 sanierungsbedürftige Kasernenbauten einschließlich Maschinenhallen, Lagerräume, Werkstätten und Hangars vollständig abgerissen. Sie sollten durch ein Wohngebiet für Bundesbedienstete ersetzt werden, doch die Erwartung erfüllte sich nicht. So wurden die stark kontaminierten Flächen renaturiert und in eine Parklandschaft mit Biotopen umgestaltet. Da stand auf dem ehemaligen Paradeplatz noch ein Denkmalsockel. Die nachgebildete Skulptur des Sowjetsoldaten mit dem Kind auf dem Arm vom Ehrenmal Treptow wie auch das kleine Lenin-Denkmal auf dem Gelände haben die heimkehrenden Mannschaften mitgenommen.

KARLSHORST ANONYM – SOWJETISCHE UND DDR-GEHEIMDIENSTE

Das Wirken des Ministeriums für Staatssicherheit (MfS) in der DDR ist heute immer wieder Anlass für Fragen an die Geschichte. Auch in dieser Hinsicht ist Karlshorst nicht einfach nur irgendein Stadtteil. Von den verschiedenen »Diensteinheiten« des MfS kam hier eine schwer überschaubare Anzahl von Dependancen, Verwaltungen sowie Treff- (konspirativ genutzten) und Mitarbeiterwohnungen zusammen. Ende 1989, bei Auflösung beziehungsweise Umwandlung des am 15. Januar 1990 mit seiner Erstürmung endgültig zerschlagenen Apparats, wies der Ortsteil mit die höchste Objektdichte in einem Ost-Berliner Stadtgebiet auf[109], was auch erklärt, weshalb die Orientierung in der Nähe von bestimmten Gebäuden, besonders nordöstlich des S-Bahnhofs, zu DDR-Zeiten teilweise durch fehlende Straßenschilder und Hausnummern oder durch doppelte Hausnummerierung beileibe nicht einfach war. An vielen Straßen verboten Schilder auch die Durchfahrt und die Zufahrt war nur Anliegern oder »Personen mit Dienstausweis« gestattet.[110]

Nach außen hin waren die MfS-Dienststellen freilich nicht erkennbar. Wo man heute entlang der Waldowallee und an vielen anderen Standorten so schön wohnen kann, agierten – nicht allein, aber hauptsächlich – die Hauptabteilung (HA) II (Spionageabwehr) und die Hauptabteilung VIII (Observierung). Nebenan in der Köpenicker Allee befand sich ihr Hauptobjekt. Zu den Methoden der HA VIII gehörten Mitschnitte von Telefonaten, heimliche Fotoaufnahmen, Videoüberwachungen sowie verdeckte Belauschungen und Beobachtungen. Wie sich bei den Liegenschaftsübernahmen ab dem 3. Oktober 1990 herausstellte, wurden viele dafür präparierte Gegenstände (sogenannte »Stasi-Requisiten«) ebenfalls in Karlshorst hergestellt, beispielsweise in der Villa Rheingoldstraße 9/10 mit Werkstätten der HA II/16. Die betreffenden Häuser waren ebenfalls getarnt, die Grundstücke von der Straße aus nicht einsehbar.

Im Einzelnen können die Vielzahl der vom MfS unterhaltenen Objekte hier nicht aufgezählt werden, es sei aber auf zwei ihrer ehemaligen Gästehäuser (Abteilung X, HA VIII)[111] hingewiesen, auf eines in der Johannes-Zoschke-, Ecke Siegfried-Widera-Straße, der heutigen Rheinpfalzallee, und eines in der Köpenicker Allee 56[112], das der Devisenbeschaffer und Stasi-Oberst Schalck-Golodkowski nutzte.

Sozusagen öffentlicher tätig wurden die Abteilungen des MfS gegenüber der seit Mitte der sechziger Jahre zwischen Köpenicker- und Waldowallee ansässigen Zentrale für Strahlenschutz, ab 1973 das Staatliche Amt für Atomsicherheit und Strahlenschutz (SAAS), eine Genehmigungs- und Aufsichtsbehörde der DDR. »Sicherheit« war hier großgeschrieben. Unter der Bevölkerung kursierte das Gerücht eines bestehenden Atombunkers. Teile des SAAS übernahm nach 1990 das in der Köpenicker Allee 120–130 neu geschaffene Bundesamt für Strahlenschutz, dessen Schwerpunkte auf der Überwachung der Radioaktivität in der Umwelt und dem Medizinischen und Beruflichen Strahlenschutz liegen.

Natürlich ahnten oder durchschauten die Karlshorster manches verschleierte Treiben der Geheimdienstler. Nach dem Fall der Mauer verlangten sie Aufklärung. Es bildete sich die Initiative »Stille Villen, dubiose Bauten«, deren Name auch nicht verhallt ist. Mit Hilfe all dieser Leute wurde die lange Liste der MfS-genutzten Häuser erfasst und Überlegungen angestellt, wie künftig mit ihnen hinsichtlich ihrer kulturellen oder sozialen Nachnutzung umgegangen werden soll. Betrachtet man vom heutigen Standpunkt aus die Geschichte und überblickt die damalige Aufbruchzeit also besser, kommt einem in den Sinn, wie gut solche Ideen taten, selbst wenn nicht in jedem Fall daran festgehalten werden konnte.

Doch die geheimdienstliche Skala reichte viel weiter. Noch bevor überhaupt die Staatssicherheit der DDR geheimdienstliche Aufgaben übernahm, die sich ursprünglich die sowjetischen Dienste selbst vorbehalten wollten, gehörten schon der MWD (Sowjetisches Innenministerium, ehemals NKWD) beziehungsweise das MGB (Ministerium für Staatssicherheit) zu Karlshorst. Beide für Sicherheitsfragen zuständigen Ministerien gelten als Vorläufer des KGB (Komitee für Staatssicherheit beim Ministerrat der UdSSR). Hinter einem Zaun zurückgezogen im Eckhaus an der Rheinstein- und Königswinter Straße hatten sich vom MWD neben einer Abteilung, die für die Beobachtung und Überwachung von sowjetischen Zivilisten und Armeeangehörigen in Deutschland verantwortlich zeichnete, die ihm ebenfalls unterstellte

Aufruf »Was ist aus diesen Häusern geworden?«, 1990

Geheimpolizei der Roten Armee »Smersch« (Abkürzung für »Smertj Spionam«: »Tod den Spionen«) eingerichtet.[113]

Der KGB wurde 1953 gegründet. Damit sind wir wieder bei der Zwieseler Straße angelangt, denn seine Zentrale operierte über Jahrzehnte hauptsächlich vom ehemaligen Hörsaalgebäude der Kasernenanlage und vom benachbarten Bodenmaiserweg 27 aus.[114] Es handelte sich um den am weitesten nach Westen vorgeschobenen sowjetischen Spionagestandort außerhalb Moskaus. Die hier bestehende KGB-Residentur mit zuletzt zwischen 800 und 1200 Mitarbeitern war der I. Hauptverwaltung (Spionage) des KGB unterstellt und vor allem im »Operationsgebiet Bundesrepublik« tätig.[115] Von hier aus koordinierte zudem die Glawnoje Raswedotschnoje Uprawlenie (GRU), die für die militärische Nachrichtenbeschaffung zuständige Hauptverwaltung für Erkundung, ihre Westarbeit. Beide Geheimdienst-Komplexe trennten hohe Mauern voneinander ab.

Innerhalb des »Militärstädtchens« bildete sich hiermit ein weiterer durch Schlagbäume, Wachen, Metalltore, eine weiß-rote Mauer und mit Elektrozäunen russischer Bauart hermetisch abgeriegelter Sicherheitsbereich beziehungsweise ein Sperrgebiet heraus.

Bei weiteren geheimpolizeilichen Abteilungen handelte es sich um die »sowjetische Abwehrstelle« in der Ohm-Krüger-Straße[116] und um ein »Gästehaus der Tschekisten« in der Waldowallee[117]. Zu den KGB-Objekten gehörten ferner ein Offiziersklub in der Waldowallee 86–88[118], eine Poliklinik, ein Kindergarten und Wohnungen. Einen größeren KGB-Häuserblock mit 60 Wohnungen musste 1981/82 an der Waldowallee, Ecke Andernacher Straße, der VEB Spezialbau Potsdam errichten. Bezahlt wurde er von der DDR.[119]

Anfangs soll der KGB auch die Arbeit der noch unerfahrenen Stasi-Gliederungen angeleitet und kontrolliert haben, woraus schon die Verbindungen zwischen ihnen ersichtlich sind. Trotzdem war für die Freizeit Kontaktverbot für die KGB-Leute zu den deutschen Geheimdienstlern befohlen gewesen. Dagegen war die Verwaltung der sowjetischen Geheimdienst-Immobilien durch die MfS-eigene Wohnungsverwaltung »G« (Geheim) vereinbart. Die zuständige Dienststelle befand sich in der Köpenicker Allee 60–62. Die Miete ging angeblich noch Monate nach der »Wende« 1989 auf das Stasi-Konto 6836-20-7011 ein.[120]

Alle bislang von der Staatssicherheit verwalteten KGB-Objekte wie auch die von den Sowjets bewohnten Häuser wurden nach Auflösung des MfS 1990 dem für Versorgungs- und Wohnungsfragen zuständigen sowjetischen »Quartiersamt« in der Rheinsteinstraße 17[121] und Königswinter Straße »KETsch« (Kwartirni Explotationi Tschasti)[122], welches nun »Unterkunftsabteilung der Westgruppe der sowjetischen Streitkräfte« hieß, übergeben. Der größte Teil der G-Wohnungen ging 1991 an die Kommunale Wohnungsverwaltung (KWV) Lichtenberg über. Andere Gebäude und Grundstücke, auch die aus dem Stasi-Nachlass, übernahmen im Zuge der deutschen Vereinigung das Bundesverwaltungsamt und die Treuhand. Darunter befanden sich von der »G« treuhänderisch verwaltete Westgrundstücke.[123] Das »Bundesverwaltungsamt – Außenstelle Berlin-Lichtenberg«, so der neue Firmenname, saß im Haus Nummer 40 in der ehemaligen Zentrale der Staatssicherheit in der Normannenstraße. Von der hier tätigen Stasi-Seilschaft wurden jetzt für die Treuhand auch die KGB-Häuser in Berlin und in der gesamten Ex-DDR koordiniert.[124]

Die zahlreichen Geheimdienstaktivitäten in Karlshorst interessierten natürlich auch die Gegenspieler auf der westlichen Seite. Im Hauptquartier der Organisation Gehlen – benannt nach dem Gründer des deutschen Auslandsnachrichtendienst, ab 1956 Bundesnachrichtendienst/BND, Reinhard Gehlen (1902–1979), der eine Nazivergangenheit hatte – in Pullach befasste sich ein ehemaliger Abwehr-Offizier speziell mit dem geheimnisvollen Berliner Stadtteil. Er verfügte über glänzende Informationen über die Nutzung jedes einzelnen Hauses in Karlshorst. So konnte 1961 Heinz Felfe (1918–2008), den sein Beruf von der SS zum KGB und BND führte, als Doppelagent in der Zentrale des BND entlarvt und zu 14 Jahren Haft verurteilt werden. Nach seiner Freilassung 1969 im Austausch gegen politische Häftlinge beendete er sein Jurastudium an der Humboldt-Universität, die ihn 1978 zum Professor für Kriminalistik berief.[125]

LITERARISCHES – PROMINENTE UND UNBEKANNTE AUTOREN

Karlshorst war durchaus auch literarisch bewandert, denn in die beschauliche Villen- und Landhaussiedlung zog es prominente Literaten oder auch solche, die erst später dazu wurden. Einige wurden hier auch geboren oder sind in Karlshorst gestorben. Die in diesem Kapitel getroffene Auswahl ist freilich fragmentarisch, die Liste der Namen ließe sich also durchaus erweitern. Auf Autoren oder Kirchenlieddichter aus der Zeit des Barock oder der Aufklärung kann man sich in dem relativ jungen Karlshorst freilich nicht berufen. Dafür ist das 20. Jahrhundert mit Romanen und Erzählungen, mit heimatkundlicher, poetischer oder konservativer bürgerlicher Dichtung, sozialkritischer und politischer Literatur sowie Werken nach 1945 gut vertreten. Darunter ist mancher Titel, der dem Zeitgeschmack nicht lange standgehalten hat, den man auch heute nicht mehr lesen möchte oder muss. Dennoch gehören auch diese zur Geschichte. Dass in der Aufzählung Werke fehlen, die sich nicht recht zuordnen lassen oder die verbotene Merkmale aufweisen, erklärt sich von selbst. Die literaturhistorischen Exkurse, die nun, ausgehend vom S-Bahnhof Karlshorst, vorgesehen sind, wurden nicht nach besonderen Motiv- oder Stoffkreisen ausgewählt, sondern nach Wohnvierteln und Straßen. Der erste Exkurs führt ins »Prinzenviertel« in Karlshorst-Süd.

Von 1909 bis zu seinem Tod lebte der in Münster in Nordrhein-Westfalen geborene expressionistische Dichter und Dramatiker August Stramm (1874–1915) mit seiner Familie in der Lehndorffstraße 16/18 (damals: Kaiser-Wilhelm-Straße 8/9).[126] Wie schon sein Vater war er zunächst Postbeamter in Bremen, dann im Reichspostministerium in Berlin tätig. Seine Dichtungen stießen anfangs auf Ablehnung bei den Verlagen. Der literarische Durchbruch gelang ihm erst kurz vor dem Ersten Weltkrieg. Einer der wichtigsten Zeitschriften der künstlerischen Avantgarde Berlins, »Der Sturm«, druckte sein Drama »Sancta Susanna«, das 1921 von niemand Geringerem als Paul Hindemith vertont wurde. Viele seiner Werke erschienen indes posthum, da Stramm, im August 1914 als Hauptmann d.R. eingezogen, bei Gefechten in Gródek (heute: Horodok in der Ukraine) fiel. Dort fand er seine vorläufige Grabstätte auf dem jüdischen Friedhof, von wo er 1928 auf den Südwestfriedhof des Berliner Stadtsynodalverbandes in Stahnsdorf überführt wurde.[127] Stramms gesammelte Dichtungen in drei Bänden erschienen 1919 in »Der Sturm«. Seine Frau Else (1877–1947), eine geborene Krafft, die aus Breslau stammte, war als Journalistin und Romanschriftstellerin ebenfalls erfolgreich. Sie veröffentlichte unter ihrem Pseudonym »Isolde Leyden« Gedichte und Unterhaltungsbücher mit Massenauflage, darunter den Roman »Riko Rischewska«.[128]

Der Magistratsrat und Verwaltungsdirektor der städtischen Gaswerke Berlin, Alexander Fürst, wurde 1863 in Berlin geboren. Von ihm ist nur bekannt, dass er in der Lehndorffstraße 11/15 (damals: Kaiser-Wilhelm-Straße 20/21) wohnte, 1909 einen Gedichtband und 1911 »Die Fiedel klingt«, ein Balladen- und Liederbuch, herausgab.[129]

Christa Wolf (1929–2011) wird als Autorin von Weltrang von vielen Menschen geschätzt. Leben und Werk der renommierten und mehrfach mit Preisen geehrten Schriftstellerin waren unmittelbar mit der DDR verbunden. Als Rednerin vermittelte sie am 4. November 1989 zehntausenden Teilnehmern bei der von Künstlerverbänden initiierten Massendemonstration am Alexanderplatz: »Jede revolutionäre Bewegung befreit auch die Sprache. Was bisher so schwer auszusprechen war, geht uns auf einmal frei über die Lippen.«[130] Ihre Familie war bei Kriegsende aus ihrem Geburtsort in Landsberg an der Warthe (heute: Gorzów Wielkopolski in Polen) nach Mecklenburg geflohen. 1951 erfolgte die Heirat mit dem Germanisten, Essayisten und, seit 1990, Verleger Gerhard Wolf (geboren 1928). Man gab gemeinsam Anthologien über sozialistische Gegenwartsliteratur heraus und schrieb Drehbücher für Filme. Die Familie lebte 1953 bis 1959 in der Stechlinstraße 4, 1956 wurde hier die zweite Tochter Katrin geboren. Nach dem Studium der Germanistik arbeitete Christa Wolf 1953 bis 1955 als Wissenschaftliche Mitarbeiterin beim Deutschen Schriftstellerverband –und war 1955 bis 1977 auch Mitglied des Vorstandes –, 1956 als Cheflektorin des Verlages »Neues Leben« und 1958 bis 1959 als Redakteurin der Zeitschrift »Neue Deutsche Literatur«. 1959 zog sie nach Halle um, 1962 nach Kleinmachnow bei Potsdam. Wie sie in einem Interview 1993 öffentlich bekannte, hatte sie im Zeitraum zwischen 1959 und 1962 das Ministerium für Staatssicherheit als »Informelle Mitarbeiterin« angeworben. Zudem stand sie selbst bis 1989 unter seiner Überwachung. 1961 veröffentlichte sie ihr erstes Prosawerk »Moskauer Novelle«, seit 1962 wirkte sie als freiberufliche Schriftstellerin. Zu ihren damals größten literarischen Erfolgen zählte neben dem Roman »Der geteilte Himmel« (1963), der sich mit der Problematik des geteilten Deutschlands auseinandersetzt und 1964 verfilmt wurde, die Erzählung »Nachdenken über Christa T.« (1968), der ein langer Zensurprozess voranging. Von ihren zahlreichen Romanen, die ebenfalls große Beachtung erlangten, sei noch auf »Kindheitsmuster« (1976), »Kein Ort. Nirgends« (1979) und »Kassandra« (1983) hingewiesen. In ihrem letzten Roman »Stadt der Engel oder The Overcoat of Dr. Freud« (2010) bilden die Hinterlassenschaften der DDR wieder das zentrale Thema.[131]

Lisbeth Stern (1870-1963), geborene Schmidt aus Königsberg, war die jüngere Schwester von Käthe Kollwitz. Seit 1892 mit dem Ingenieur Georg Stern verheiratet, lebte sie mit ihrer Familie 1921 bis 1931 in der Ehrlichstraße 31. 1909 begann sie für die »Sozialistischen Monatshefte« Rezensionen und kleinere Aufsätze über Kunst und Theater zu schreiben, ab 1926 auch unter der Rubrik »Bewegungskunst« über Tanzveranstaltungen. Die in Berlin 1895/96 noch unter dem Titel »Der sozialistische Akademiker« von Joseph Bloch herausgegebene Zeitschrift erreichte einen größeren Leserkreis. Lisbeth stand ihrer Schwester Käthe Kollwitz besonders nahe und saß ihr auch häufiger Modell. Durch einen Beitrag würdigte sie die Künstlerin zu ihrem 50. Geburtstag in den »Sozialistischen Monatsheften«, 1920 erschienen in der »Freie Welt« zwei einfühlsame Aufsätze und 1927, zum 60. Geburtstag von Käthe Kollwitz, ein weiterer im »Vorwärts«.[132] Die jüngste Tochter von Lisbeth Stern, die später mit dem Regisseur Ernst Matray (1891–1978) verheiratete Maria Matray (1907–1993), war Tänzerin, Schauspielerin, Choreografin und Autorin. Außer vielen Theaterstücken und Drehbüchern für Film und Fernsehen schrieb sie auch Romane. Bis 1932 spielte sie in 19 Filmen mit. Ihr Debüt gab sie 1924 mit »Das Blumenwunder«. Nach der Machtergreifung der Nationalsozialisten folgte sie ihrem Mann 1935 in die Emigration nach Amerika, wurde 1953 amerikanische Staatsbürgerin, erlangte 1960 die deutsche Staatsbürgerschaft und ließ sich in München nieder. Die Trennung der Ehe erfolgte 1962. Im Jahr 1946 veröffentlichte sie zusammen mit dem Co-Autor Arnold Philips ihren ersten Roman »Murder in the Music Hall«, der auch verfilmt wurde. Erste Drehbücher für das Fernsehen waren »Der König mit dem Regenschirm« (1954) und »Abschiedsvorstellung« (1955) sowie für das Kino beispielsweise »Mein Vater der Schauspieler« (1956) und »Frau im besten Mannesalter« (1958). Überaus erfolgreich widmete sie sich gleichfalls dokumentarischen Stoffen über historische Personen wie Hitler, Ludendorff oder Dreyfuß. In den siebziger Jahren gestaltete sie unter anderem die NDR-Krimiserie »Sonderdezernat K1«, aus der später die Reihe »Die Männer vom K3« hervorging.[133]

Mit dem in Magdeburg geborenen Dramatiker und Schriftsteller Georg Kaiser (1878–1945) verbinden sich mit ihm und über ihn viele Veröffentlichungen. Er gilt als »Klassiker des Expressionismus«. Von November 1932 bis Februar 1933 wohnte er gegenüber der Rennbahn in der Treskowallee 94 bei Verwandten. Vorher lebte er in Südamerika, dann in verschiedenen Städten Deutschlands und ließ sich schließlich 1921 in Grünheide in der Mark nieder. In seinem 1928 erbauten Haus, heute das »Georg-Kaiser-Haus« (Waldeck 5a), wohnte er bis 1932. Eine Zweitwohnung unterhielt er in Berlin-Charlottenburg. Von seinen 70 Dramen sind heute viele in Vergessenheit geraten. Mit dem 1917 in Frankfurt am Main aufgeführten Stück »Die Bürger von Calais« (1912/13) errang er seinen ersten großen Erfolg. Zwischen 1921 und 1933 war er der meistgespielte Dramatiker in Deutschland, seine Stücke liefen auch in New York, London und Rom. »Wegen jüdischer Tendenzen« erhielt er 1933 unter den Nationalsozialisten Druck- und Aufführungsverbot, seine Bücher wurden verbrannt. Nach seinem kurzen Aufenthalt in Karlshorst ging er nach Grünheide zurück, danach 1938 über Holland und Frankreich als Exilant in die Schweiz; hier blieb er bis zu seinem Tod.[134]

In Karlshorst-West setzt sich die Spurensuche in der Dönhoffstraße fort, führt vorbei am SPD-Büro und der Feuerwache direkt zur Nummer 11. Hedwig Courths-Mahler (1867–1950), Unterhaltungsschriftstellerin, wohnte hier von 1905 bis zum Dezember 1914 mit ihrer Familie. Sie soll die meistübersetzte deutsche Autorin sein. Weltweit erschienen ihre Romane in Millionen Exemplaren, einige wurden auch verfilmt. Was aber war das Geheimnis ihres Erfolgs? Ihre Geschichten schrieb sie sämtlich nach demselben Schema, vermittelte eine harmlose Scheinwelt, Märchen für Erwachsene: Dramatische Handlungen und Wege von Liebesbeziehungen, nicht anerkannt durch Standesunterschiede zwischen Adligen und Angehörigen des Kleinbürgertums, die jedoch immer einen glücklichen Ausgang nehmen. Romantitel wie

Erinnerungstafel für Hedwig Courths-Maler, 2018

»Das Heiligtum des Herzens« oder »Das Geheimnis einer Namenlosen« lassen es schon ahnen. Für die einen ist es Kitsch oder komisch, für andere fesselnd.

Geboren wurde Hedwig Courths-Mahler als Ernestine Mahler in Nebra an der Unstrut. Die Schule besuchte sie insgesamt nicht länger als drei Jahre, mit 17 Jahren begann sie erste Kurzgeschichten zu schreiben. 1888 Heirat in Leipzig mit dem Maler Fritz Courths, 1905 Umzug nach Berlin-Köpenick, dann nach Karlshorst, wo sie in der Zeitschrift »Berliner Hausfrau« veröffentlichte und einen kleinen Salon führte. Bald wurden ihre Romane als Bücher gedruckt, die sie in kürzester Zeit berühmt machten, und sie verdiente gut. Von ihren an die 200 Trivialromanen verfasste sie in Karlshorst einundzwanzig. Mit ihrem wohl bekanntesten Roman »Ich lasse Dich nicht!« gelang ihr 1912 der Durchbruch als Erfolgsautorin. Allein in Deutschland verkauften sich über eine Million. 1914 erschien ihr autobiographischer Roman mit dem programmatischen Titel »Es geht hinauf«. Von Karlshorst übersiedelte sie schließlich in die Beletage in der Knesebeckstraße 12 in Berlin-Charlottenburg. 1915 kamen acht, 1916 zwölf und 1924 dreizehn

Romane von ihr heraus. 1939 hörte sie auf zu schreiben. Die Nationalsozialisten verweigerten ihrem Verlag das Papier, sie galt als »unerwünschte Autorin«. Da hatte sie längst ihre Konsequenzen aus dem NS-Regime gezogen und lebte mit ihren Angehörigen am Tegernsee in Bayern bis zu ihrem Tod. Beide Töchter, Margarete Elzer (1889–1966) und Elfriede Birkner (1891–1985), wurden ebenfalls erfolgreiche Schriftstellerinnen.[135]

Ob Willy Denker, geboren 1881 in Berlin, Courths-Mahler begegnete, kann vermutet werden, denn er wohnte in der Nähe in der Junker-Jörg-Straße 26. Von ihm heißt es, er hätte schon mit 15 Jahren Gedichte veröffentlicht. 1903 übernahm er eine Anstellung beim Berliner Magistrat, seit 1905 gab er eine Monatsschrift für zeitgenössische Literatur, Kunst, Ethik und Kritik heraus. Er dichtete und schrieb Dramen (Adolf von Nassau), seine gesammelten Werke wurden 1912 veröffentlicht.[136] Während des Ersten Weltkrieges beteiligte er sich an der Schwemme nationalistischer Kriegslyrik und den vielfach verfassten Hindenburgliedern. Zum Zeitpunkt, als in Karlshorst das Kriegsdenkmal »Eiserner Obelisk« eingeweiht wurde, veröffentlichte er 1916 im Eigenverlag »Neue Soldatenlieder und Kriegsgedichte«.[137]

Joachim C. Fest (1926–2006) ist als Zeithistoriker, Publizist und Autor sehr bekannt. Er kam in Karlshorst zur Welt und wuchs mit zwei Schwestern und Brüdern in der Hentigstraße 13 auf. Das hier 1921 erworbene Elternhaus – keine Villa, sondern ein Mietshaus – gehörte der Familie bis 1945. Joachim Fests publizistisches Interesse spiegelt vor allem seine historische Aufarbeitung der NS-Vergangenheit wider. Die Bücher gelten als Standardwerke. 1973 erschien sein Weltbeststeller »Hitler«, 1999 sein Buch über den Nazi-Architekten Albert Speer und 2002 in »Der Untergang« die detaillierte Darstellung der letzten Tage im Bunker Hitlers. Von 1973 bis 1993 war Fest der Herausgeber der FAZ. Sein Vater Johannes Fest (1889–1960) war ein überzeugter Republikaner in der Weimarer Zeit, ein bekennender Bildungsbürger, gläubiger Katholik und der Rektor einer katholischen Volksschule in Berlin-Lichtenberg. Gleich 1933 wurde er aus dem Schuldienst entlassen. »Auch wenn alle mitmachen« – für den unbeugsamen Hitlergegner kam Anpassung nicht in Frage. Er hielt es mit dem lateinischen Grundsatz »Ego non« (Ich nicht) und prägte in diesem Sinne auch seine Kinder. Darauf bezieht sich der Buchtitel des letzten Werkes von Joachim Fest, »Ich nicht.« (2006), eine Autobiographie seiner Kindheit und Jugend. Bewegend gewährt er Einblick in seine Erfahrungen und sein Erleben des Nationalsozialismus, schildert die schweren Jahre für seine Familie, Hausdurchsuchungen durch die Gestapo, die Solidarität von Freunden, aber auch das Wechseln der Straßenseite bei anderen. Wegen einer Hitlerkarikatur, die er 1942 leichtsinnigerweise in die Schulbank ritzte, mussten die drei Brüder die Schule verlassen. Der Onkel finanzierte ihnen nun den Besuch eines katholischen Internats und Gymnasiums in Freiburg. Um der SS zu entgehen, meldete sich Joachim nach Arbeitsdienst und Flakhelferzeit freiwillig zur Wehrmacht. Das führte zu Konflikten mit dem Vater, der 1944 dann selbst an die Ostfront musste, aber überlebte. Ein Bruder von Joachim Fest starb Ende 1944 im Krieg. Fest holte nach seiner Rückkehr aus der amerikanischen Gefangenschaft 1947 sein Abitur nach und studierte. Nach seinem Vater, der in Berlin-Lichtenberg 1925 bis 1933 als Bezirksverordneter und 1955 bis 1958 als Mitglied des Abgeordnetenhauses von Berlin wirkte und 1960 als Stadtältester von Berlin geehrt wurde, ist in der Ehrenfelsstraße ein Platz benannt. In der Hentigstraße wurde noch keine Erinnerungstafel angebracht.[138]

Wie in keiner anderen Straße in Karlshorst häufen sich in der Gundelfinger Straße, ein Straßenzug zurück in Richtung Treskowallee, die Anschriften von Schriftstellern. Max Beer (1864–1943), Journalist, Publizist und Historiker, wohnte 1915 bis 1933 in dem Mehrfamilienhaus Nummer 47. Zu seiner Familie gehörten sechs Kinder. Seine Frau Gertrud Zimmermann stammte aus einer katholischen Familie. Max Beer wurde als Sohn jüdischer Eltern in Tarnobrzeg in Galizien (später Polen) geboren, trat aber 1921 aus der jüdischen Gemeinde aus. Er wird als »Sozialistischer Intellektueller« eingestuft, der Kontakte zu bekannten Sozialisten und Kommunisten unterhielt. Seine Veröffentlichungen behandeln politische, soziale und ökonomische Fragen der Zeit. 1901 bis 1911 arbeitete er in London als Korrespondent für die sozialdemokratische Zeitung »Vorwärts«. In seiner Karlshorster Zeit gab er zwischen 1919 und 1921 die sozialistische Halbmonatsschrift »Die Glocke« heraus, schrieb für Tageszeitungen und mehrere Bücher. Von der Vielzahl seiner Publikationen gehört das zwischen 1921 und 1923 verfasste mehrbändige Standardwerk »Allgemeine Geschichte des Sozialismus und der sozialen Kämpfe« zu einer der bekanntesten. Seine Familie blieb in Karlshorst, als er von 1927 bis 1929 als Bibliotheksleiter am Marx-Engels-Institut in Moskau und anschließend am Institut für

Hentigstraße, ehemaliges Elternhaus von Joachim Fest, 2018

Sozialforschung in Frankfurt am Main tätig war. Beer erkannte frühzeitig die Gefahr des Nationalsozialismus, emigrierte 1934 nach Großbritannien und wurde hier Staatsbürger. Seine wissenschaftlichen Studien setzte er fort. Seine Werke standen in Deutschland auf der Liste der zu verbrennenden Bücher. 1938 verlor er seine Tochter Dorothea, die vermutlich aufgrund fehlender Medikamente durch die eingeschränkte Zuteilung in einem jüdischen Krankenhaus in Berlin verstorben ist. Seine Tochter Hetty ging nach Palästina, die weiteren Kinder zogen zu ihm. Später wurde die Ehe geschieden. Max Beer starb an den Folgen von Tuberkulose.[139] Nach ihm ist eine Straße im Berliner Bezirk Mitte benannt. Eine Erinnerungstafel in der Gundelfinger Straße ist seit langer Zeit in Planung.

In der Gundelfinger Straße 31 trifft man auf die ehemalige Adresse von Colin Ross (1885–1945), einem in Wien geborenen Journalisten und Reiseschriftsteller, der ein Nachkomme der schottischen Südpolarforscher James und John Ross (auch Roß geschrieben) sein soll.[140] Den Ersten Weltkrieg verfolgte er als Kriegsberichterstatter an allen Fronten. Danach zog er teils allein, teils mit seiner Frau und schließlich sogar mit seinen Kindern rastlos durch die Welt. Zu seinen Reisebeschreibungen gehören bis 1930 unter anderem »Das Meer der Entscheidungen. Beiderseits des Pazifik«, »Südamerika die aufsteigende Welt«, »Der Weg nach Osten. Reise durch Russland, Ukraine, Transkaukasien, Persien, Buchara und Turkestan«, »Mit dem Kurbelkasten um die Erde« und das »Fahrten- und Abenteuerbuch«. Seine Reisen finanzierte er durch seine Berichte. Colin war ein Anhänger der Nationalsozialisten. Im April 1945 erschoss er im Garten des Hauses Baldur von Schirachs am Walchensee in Urfeld/Bad Tölz erst seine Frau, dann sich selbst.[141]

Oskar Kresse, 1862 in Langendorf bei Zeitz geboren, wohnte später in der Gundelfinger Straße 25. Ursprünglich Redakteur, gab er gleichzeitig die Dichtung »Der Verklärte« (1883), den Roman »Der Marquis von Pombal« (1897) und »Hülfe für Alle! Ein Weg zur Erlösung aus den Fesseln der Not.« (1900) heraus. Kresse passte sich mit »emphatischem Lob des Deutschtums und des Germanentums«[142] dem patriotischen Überschwang an, der im Zuge des Ersten Weltkrieges mit einer regelrechten »Verdeutschungskampagne« Einzug hielt. Sein Fremdwörterbuch »Verdeutschung entbehrlicher Fremdwörter. Mit Anhang: Deutsche Vornamen und ihre Bedeutung« (1916) war eines von einigen der damals erschienenen Nachschlagewerke. Eingebürgerte alltägliche Begriffe (Fremdwörter) sollten systematisch verdeutscht werden. Im Karlshorster Verlag Wilhelm Rößler & Co. erschienen von Kresse »Die Wissenschaft für Alle. Allgemeinverständliches Taschenwörterbuch des Weltwissens« (ca. 1920) und »Durch Bildung zur Freiheit« (1925).[143]

Samuel Lewin (1890–1959), jüdischer Herkunft, geboren in Końskowola bei Lublin (Polen), gehört zu den bedeutenden Schriftstellern und Dichtern jiddischer Sprache im 20. Jahrhundert. Vieles wurde ins Deutsche übersetzt. In Karlshorst ließ er sich etwa um 1930 in der Gundelfinger Straße 26 nieder. Von 1912 bis kurz vor dem Ersten Weltkrieg lebte er zunächst als Siedler in einer jüdischen Kolonie in Argentinien. Danach, wieder in Polen, veröffentlichte er 1919 seine ersten beiden Dramen »Sreifah« (»Ein Brand«) und »Far Sint« (»Um der Sünde wegen«). Seit 1920 wohnte er in Berlin, schrieb hier für verschiedene Zeitungen, darunter die »Jüdische Kultur«, und verkehrte in Kreisen des Dichters und Bühnenautors Erich Mühsam. Lewin wurde bald als Dramatiker bekannt. Von ihm erschienen mehrere Werke, darunter die mehrfach neu aufgelegte Erzählung »Chassidische Legende« (1921), das Antikriegsepos »Dämonen des Blutes. Eine Vision.« (1925), das in die Reihe der nach dem Ersten Weltkrieg entstandenen pazifistischen beziehungsweise antimilitaristischen Prosatexte gehört, der Roman »Zeitwende« (1926) und das Gedicht »Gesichte« (1928). Die Nazis verbrannten 1933 öffentlich seine Bücher. Nur durch Emigration entkamen er, seine Frau und drei Söhne ein Jahr später der Verfolgung. Sie mussten sich durch mehrere europäische Länder begeben, bis sie schließlich in den USA eine neue Heimat fanden. Literarisch konnte Lewin nicht mehr an die Berliner Zeit anknüpfen, er schrieb aber weiter. Die Trilogie »Zwischen den Abgründen« (1959), die das Schicksal der polnischen Juden zwischen den Weltkriegen schildert, sah Lewin selbst als sein Hauptwerk an. Er verstarb kurz vor Erscheinen des erstens Bandes in Amerika.[144]

Es sei noch auf die kürzlich eingeweihte Stele in der Gundelfinger Straße 27 hingewiesen, die an das Arztehepaar Hildegard (1910–1992) und Erwin Marcusson (1899–1976) erinnert, das hier seit 1959 wohnte. Beide entstammten jüdischen Familien und fanden früh zur kommunistischen Bewegung. Vom Nationalsozialismus in die UdSSR vertrieben, gerieten sie dort in die stalinistische Verfolgung. Seit 1947 waren sie im Osten Deutschlands und in der DDR in verantwortlichen Positionen unter anderem maßgeblich am Aufbau des Instituts für Sozialhygiene und des Betriebsgesundheitswesens beteiligt.

Die Schriftstellertour endet in Karlshorst Nord im »Rheinischen Viertel« mit vier weiteren, zu unterschiedlichen Zeiten wirkenden Autoren. Henny Oehmke (1857–ca. 1934), geborene Krollmann, soll als erste vorgestellt werden. Sie komponierte und schrieb eine Reihe von Erzählungen und Romanen. In Oldenburg geboren und aufgewachsen, zog es sie nach dem frühen Tod der Eltern aber nach Berlin. Hier wohnte sie 1915 bis 1934 nacheinander in der Rheinsteinstraße 16 und in der Weseler Straße 2. Inspiriert durch ihre musikalische Erziehung im Elternhaus begann sie zunächst als Klavierlehrerin zu arbeiten. Am Anfang ihrer Schriftstellerlaufbahn suchte sie durch Aufsätze wie »Die Klavierstimmerin«, »Die Stenographin«, »Die Uhrmacherin« und »Die Blumenmacherin« in verschiedenen Frauenzeitschriften jungen Frauen Erwerbsmöglichkeiten aufzuzeigen. 1882 heiratete sie den Berliner Stenographen Georg Oehmke, der sie zu Veröffentlichungen in der Kurzschrift anregte. »Dass die Kunst der Stenographie in allen Kreisen Anwendung finde und Nutzen stifte, das ist es, was mir vor allem am Herzen liegt.« entsprach dem Anliegen des Schöpfers der Schrift, Wilhelm Stolze (1798–1867), an den heute in Berlin ein Straßenname erinnert. Oehmke verfasste in der Stolzeschen Stenographie »Eva Normann« (1891), »Unter Blumen« (1894) und »Aus unseren Tagen« (1896). In Bänden erschienen die Novellen zusammengefasst als stenographische Bibliothek. Ihre Romane »Frau Magdalena« (1898), »Im Bannkreis der Pflicht« (1898), »Ein moderner Ismael« (1900) und »Heimgefunden« (1902) wurden in Tageszeitungen teils in Fortsetzungen vorabgedruckt. Von ihren Kompositionen sei der »Linawalzer« genannt.[145]

Walter Radetz (1926–1986), geboren in Maffersdorf (Tschechin), Übersetzer und Schriftsteller, wohnte in der Honneferstraße 6. 1964 wurde ihm in Ost-Berlin »für besondere Leistungen auf dem Gebiet der Kunst und Wissenschaft« der Goethe-Preis verliehen. Radetz ist der Autor der Biographie des Sportlers Werner Seelenbinder (1904–1944), einem der bekanntesten Ringer in der Weimarer Zeit, der im Nationalsozialismus als Widerstandskämpfer hingerichtet wurde. Das Buch »Der Stärkere. Das Leben des Arbeitersportlers Werner Seelenbinder« erschien zu Beginn der sechziger Jahre und wurde noch mehrfach unter verschiedenen Titeln neu aufgelegt. Allerdings begleitete Radetz als Informeller Mitarbeiter (IM) des MfS mit dessen inoffiziellem Auftrag auch Sportdelegationen der DDR bei Auslandsreisen.[146] Aus seiner Feder stammen noch weitere Bücher. 1969 schrieb er für die 12. Folge der Fernsehfilmreihe »Der Staatsanwalt hat das Wort« das Drehbuch »Ich brauch' kein Kindermädchen«, in den siebziger Jahren folgten mehrere Hörspielproduktionen.

Der Schriftsteller Herbert Nachbar (1930–1980) lebte abwechselnd in seiner Geburtsstadt Wieck bei Greifswald und in Berlin, hier zuletzt in der Honnefer Straße 16.[147] Als Reporter und Fotograf war er bei Tageszeitungen tätig, ab 1953 arbeitete er als Lektor beim Aufbau-Verlag und ab 1969 als Dramaturg beim Fernsehen der DDR. In seinen Romanen und Erzählungen »Der Mond hat einen Hof« (1956), »Die Hochzeit von Länneken« (1960) und »Ein dunkler Stern« (1973) verstand er es, die Welt der Fischer an der Ostseeküste wie auch die Atmosphäre der norddeutschen Landschaft aufzuzeigen. Es folgten 1965 »Die gestohlene Insel« und »Haus unter dem Regen« sowie 1976 »Der Weg nach Samoa«. Herbert Nachbar wurde auf dem Berliner Zentralfriedhof Friedrichsfelde in der 8. Urnenabteilung (»Künstlerabteilung«) beigesetzt.

Maria Langner (1901–1967) wurde als Maria Pottlitzer in Berlin geboren. Eine zeitlang wohnte sie im Gregoroviusweg 9 und zog etwa

1960 nach Stalinstadt (1961 umbenannt in Eisenhüttenstadt). Zunächst mit einem Landwirt verheiratet, wurde die Ehe 1934 aufgrund des nationalsozialistischen »Blutschutzgesetzes« geschieden. Die drei Kinder verblieben beim Vater. Aus wirtschaftlichen Gründen musste sie als Heimnäherin, Verkäuferin oder Reinemachefrau arbeiten. 1944 wurde sie in ein Zwangsarbeitslager eingewiesen, 1945 von einem Sondergericht wegen sogenannter Beihilfe zur Fahnenflucht und Nachrichtenbeschaffung für die kommunistische Widerstandsgruppe um Saefkow und Bästlein zu einer Zuchthausstrafe verurteilt. Ihr erster, vermutlich autobiographischer Roman »Die letzte Bastion« (1948) schildert die Kämpfe um die von der Gestapo belagerte Festung Breslau. Ihr Roman »Stahl« (1952) über den Aufbau des Stahlwerkes Brandenburg ordnet sich thematisch in die in den fünfziger Jahren in der DDR entstehende, sogenannte »Aufbau-Literatur« ein. Dafür erhielt sie den Nationalpreis III. Klasse der DDR. Langner schrieb später auch Liedertexte für den Rundfunk.[148]

Die letzte literarische Spur führt zu dem märkischen Heimat- und Mundartdichter aus Lenzen an der Elbe, Hermann Graebke (1833–1909), der seinerzeit große Popularität erlangte. Auf ihn wird verwiesen, weil er in Karlshorst verstarb. Als Lehrer unterrichtete er 1853 bis 1865 in Putlitz, 1866 bis zu seinem Lebensende dann in Berlin vorrangig am Andreas-Real-Gymnasium. In Berlin war er Gründer des Vereins zur Pflege des Plattdeutschen. Zu seinen meist in Mundart geschriebenen Werken zählen »Plattdeutsche Gedichte« (1879), »Prignitzer Kamellen« (1896), »Prignitzer Vogelstimmen« (1902), die Theaterstücke »Der Rattenfänger von Hameln« (1907) und »Een Verlobungsdag. Priegnitzer Platt« (1905).[149] Sie zeigen seine Verbundenheit mit der Landschaft, seiner Heimat und ihren Bewohnern. Diese entspricht auch dem Anliegen dieses kleinen Führers durch Karlshorst, seiner Einladung zum Entdecken und Kennenlernen eines Berliner Stadtteils, seiner Geschichte und seiner Bewohner.

ANHANG

Anmerkungen

1 Maak 1917, S. 19.
2 Amtsblatt der Königlichen Regierung zu Potsdam und der Stadt Berlin vom 7. Oktober 1825.
3 Steer 2010, S. 35f.
4 Pfaender 1929.
5 Amtsblatt der Königlichen Regierung zu Potsdam und der Stadt Berlin vom 28. Juni 1901.
6 100 Jahre Karlshorst 1995, S. 80–83.
7 Vgl. Fest 2006, das Kapitel »Wie alles zusammenkam«, S. 16.
8 Karlshorst in Wort und Bild 1911, S. 11.
9 Schirmer 1903, ohne Seitenangabe.
10 Berliner Adressbuch 1909, S. 5267:198.
11 110 Jahre Karlhorst 2005, S. 33.
12 Koberstein/Stein 1995, S. 283–287.
13 Großmann 1933, S. 87.
14 Ebel/Randelzhofer 1988, S. 154.
15 Weltbühne Nr. 37 vom 15. September 1921, S. 271.
16 Seeger 1981.
17 Escher 1985, S. 323.
18 Schirmer 1903, S. 26.
19 Bosetzky (-ky) 2013.
20 Wieteck 2003, S. 535.
21 Festschrift St. Marienkirche 1986.
22 Archivrecherchen der Autorin über NS-Zwangsarbeit.
23 Kock 1996.
24 Badstübner 1987, S. 207f.
25 Sandvoß 1998, S. 238–240.
26 Die Wiedergeburt einer Königin 2010.
27 Kulturring e.V., Kulturnews 05/2016: Laschke, Michael: Ruth Baumgarte – ein Künstlerleben begann in Karlshorst; www.hoeschmuseum.dortmund.de
28 Karlshorster Lokal-Anzeiger vom 24. Oktober 1915.
29 Aufbauarbeit im Bezirk Lichtenberg 1929.
30 100 Jahre Karlshorst 1995, S. 19f.
31 Koberstein/Stein 1995, S. 252f., 261.
32 BSTU, HA II 23759, p. 21–24.
33 Laschke 2016, S. 114–119.
34 Leube 1975, S. 152.
35 Staatliche Museen zu Berlin. Preußischer Kulturbesitz. Archäologisches Landesamt registriert: MM II 20699 und MM II 20700-20701.

36 Verein für Hindernis-Rennen 1881–1931, Berlin 1931, S. 29 f.
37 Ebd., S. 67.
38 100 Jahre Karlshorst 1995, S. 97.
39 Laschke 2009, S. 18.
40 Verein für Hindernis-Rennen 1881–1931, Berlin 1931, S. 39–41.
41 Laschke 2016, S. 34.
42 Ebel/Randelzhofer 1988, S. 154.
43 TRABTIPP – Das Magazin vom 15. April 2011, Beitrag Gerd von Ende: »Kiepes« Dasein für die Pferde.
44 Wohlberedt (1932); http://www.efbso.de/pages/friedhoefe/karlshorster-und-neuer-friedrichsfelder-friedhof.php
45 Zeitschrift Schach Nr. 12/1974, Nachruf des DSV-Präsidiums.
46 Lazarus 1931 und 1935; 100 Jahre Karlshorst 1995, S. 71–76; Danz 2015, S. 170–172; Sandvoß 1998, S. 251.
47 Festschrift zum fünfjährigen Bestehen der Ortsgruppe Karlshorst der NSDAP und zur vierzigsten Wiederkehr des Gründungsjahres des Ortsteils Karlshorst, 1935.
48 Verwaltungsbericht der Bezirksversammlung Lichtenberg für die Zeit vom 1. April 1932 bis 31. März 1936 mit einem Rückblick auf die Verwaltungstätigkeit in den Jahren 1928/1931, Berlin 1937.
49 Karlshorster Anzeiger Nr. 272 vom 19. November 1929.
50 Büsch/Haus 1987, S. 462.
51 Sandvoß 1998, S. 40–51.
52 Vgl. hierzu ausführlicher »Juden in Lichtenberg«: Koberstein/Stein 1995.
53 Ebd., S. 250, 260.
54 Ebd., S. 253, 261.
55 Ebd., S. 261 f.
56 Ebd., S. 15, 257, 263.
57 Deutsche Zeitschrift für Luftschiffahrt, XV. Jg., Nr. 4 vom 22. Februar 1911, S. 31.
58 Schneider 2015, S. 23; Schmitt 1991, S. 34.
59 Nach einer zeitgenössischen Postkarte.
60 Gütschow 1985, S. 126 f.; Schmitt 1991, S. 27.
61 Bundesarchiv Berlin, Lageplan vom Flugplatz Berlin-Friedrichsfelde, M. 1:25000, Intendantur der Luftstreitkräfte, Berlin, Juli 1918.
62 Schneider 2015, S. 23, 33 f., 37 f.
63 Ebd., S. 42, 50.
64 Czymay 2014.
65 BusB III 1966, S. 107.
66 Karlshorster Lokal-Anzeiger vom 13. und 14. Dezember 1937.
67 Le Tissier 1998, S. 116, 204.
68 LAB, Rep. 01-02, Nr. 701 (Hauptluftschutzstelle).
69 Bebauungsplan XVII-50aa vom 16. Oktober 2012, Städtebaulicher Rahmenplan der Gartenstadt Karlshorst (Klaus Theo Brenner Stadtarchitektur).
70 Aus einem Erinnerungsbericht von Lew Schejnin, verfasst 1965. In: Scheel (Hg.) 1985, S. 153.
71 Der Spiegel, 49/1995, S. 236 –245, hier S. 243, Beitrag: »Spielen oder sterben«. Die KGB-Akte des Schauspielers Heinrich George.
72 1975 wurde Bersarin postum zum Ehrenbürger Ost-Berlins ernannt, was 1992 aufgehoben wurde. 2003 wurde ihm in Berlin die Ehrenbürgerschaft wieder zuerkannt.
73 Slawin 1948, S. 47.

74 Amtsblatt des Kontrollrates in Deutschland, Ergänzungsblatt Nr. 1, S. 6; Text der Kapitulation, BArch RW 44-I/37.
75 Le Tissier 1998, S. 152f.
76 SBZ von A-Z, S. 74f.; 100 Jahre Karlshorst 1995, S. 169.
77 SMAD-Befehl Nr. 1, in: Dokumente 1945–1949, S. 51–53.
78 SBZ 1964, S. 8.
79 Klimow 1952., S. 195-199; BSTU, U 139/57, Bd. 6, p. 133.
80 LAB, C Rep. 147/1, Nr. 7, p. 212.
81 100 Jahre Karlshorst 1995, S. 153f.
82 LAB, C Rep. 147/1, Nr. 10, p. 14.
83 Badstübner/Loth 1994.
84 Scherstjanoi/Stappenbeck 1998.
85 Stulz-Herrnstadt 1990, S. 82f.
86 Schroeder 2013, S. 153.
87 Erdmann 2004, S. 55.
88 LAB, C Rep. 147/1, Nr. 11, p. 170.
89 Rückblick auf das Zeitgeschehen 1945, S. 24.
90 100 Jahre Karlshorst 1995, S. 172.
91 LAB, C Rep. 147/1, Nr. 12, p. 7.
92 Ebd., Nr. 11, p. 180.
93 100 Jahre Karlshorst 1995, S. 70, 174.
94 LAB, C Rep. 147-04/5.
95 »Der Bau des Theaters in Karlshorst ist beendet«: Schreiben des Bezirksbürgermeisters Schalkowski vom 27. September 1949, LAB, C Rep. 147/1 Nr. 12, p. 14.
96 Geheime Verschlußsache, Nationaler Verteidigungsrat. Der Vorsitzende. Walter Ulbricht, Berlin, den 14. Mai 1963, SAPMO-BArch, VME/GKS 10/63, p. 440.
97 Klausmeier 2012, S. 143, 314.
98 Vgl. hierzu insgesamt: BSTU, HA II, 23759, p. 4; Tagesspiegel vom 10. August 1991, Beitrag Rolf Schneider.
99 Berlin-Karlshorst, Stadtplanerische und landschaftsplanerische Rahmenplanung, Regioplan 06/93, Regioplan GmbH/ Dr. Szamastolski + Partner, S. 72.
100 BZ vom 2. Mai 1994.
101 BSTU, U 139/57, Bd. 6, p. 79-174; U 139/57, Bd. 8, p. 80f.
102 100 Jahre Karlshorst 1995, S. 176.
103 BSTU, HA II 23759, p. 23f.
104 LAB, C Rep. 147/1, Nr. 12, p. 6.
105 BSTU, HA II 23759, p. 23f.
106 Berliner Zeitung vom 23. April 1991.
107 Zeitmagazin vom 3. Februar 1989; Neue Zeit vom 4. September 1990.
108 Nachfolger der GSSD. Die Gemeinschaft Unabhängiger Staaten (GUS) gründete sich Ende 1991 aus den verschiedenen Nachfolgestaaten der Sowjetunion.
109 Bericht Ausschuss »Stille Villen, dubiose Bauten« von 1990, Privatarchiv.
110 Extra-Magazin vom 7. März 1991, S. 28–32.
111 BSTU, HA II 23759, p. 13.
112 BZ vom 10. Dezember 2012, Beitrag Andreas Förster.
113 Klimow 1952, S. 195–199; BSTU, U 139/57, Bd. 6, p. 133.
114 Extra-Magazin vom 7. März 1991, S. 28–32.
115 http://www.bpb.de/geschichte/deutsche-geschichte/stasi/218423/kgb-verzahnung

116 BSTU, U 139/57, Bd. 6, p. 13.
117 BSTU, HA II 23759, p. 23.
118 Extra-Magazin vom 7. März 1991, S. 28–32.
119 Berliner Zeitung vom 4. Januar 1991, Beitrag Andreas Förster.
120 Extra-Magazin vom 7. März 1991, S. 28–32.
121 LAB, C Rep. 147/1, Nr. 12, p. 6.
122 Berliner Morgenpost vom 7. März 1991.
123 Berliner Zeitung vom 4. Januar 1991, Beitrag Andreas Förster.
124 Extra-Magazin vom 7. März 1991, S. 28–32.
125 http://www.deutschlandfunkkultur.de/spion-dreier-unterschiedlicher-regime.932.de.html?dram:article_id=131347
126 Karlshorster Heimatbote Nr. 12 vom 29. Mai 1935, S. 2f.
127 August-Stramm-Lesebuch 2007, S. 133–143.
128 https://www.ulb.uni-muenster.de/sammlungen/nachlaesse/nachlass-stramm.html
129 Karlshorster Heimatbote vom 29. Mai 1935, Nr. 12, S. 2f.
130 Oberhauser/Henneberg 1998.
131 http://www.hdg.de/lemo/biografie/christa-wolf.html; http://christa-wolf-gesellschaft.de/biographie/; http://www.buecher-wiki.de/index.php/BuecherWiki/WolfChrista
132 http://www.kollwitz.de/moreInformation.aspx?id=ze_lisbeth_stern&sprache=d
133 Vgl. Matray 1994; http://www.film-zeit.de/Person/16032/Maria-Matray/Biographie/; www.steffi-line.de
134 Nach Auskunft des Heimatvereins Grünheide (Mark) e.V. vom 10. Februar 2018; Karlshorster Heimatbote Nr. 12 vom 29. Mai 1935, S. 2f.; http://www.munzinger.de/document/00000001006
135 Graf 2000; http://www.munzinger.de/document/00000000617
136 Karlshorster Heimatbote Nr. 12 vom 29. Mai 1935, S. 2f.
137 Glunz/Schneider 2013, S. 117.
138 Fest 2006.
139 Koberstein/Stein 1995, S. 307–315.
140 Karlshorster Heimatbote Nr. 12 vom 29. Mai 1935, S. 2f.
141 http://www.munzinger.de/document/00000000656
142 Schiewe 2011, S. 19.
143 Ebd.; https://www.dhm.de/lemo/bestand/objekt/d2b03324
144 Hanssen 2011, S. 232–234; Koberstein/Stein, S. 257f.
145 Karlshorster Heimatbote Nr. 12 vom 29. Mai 1935, S. 2f.; www.zeno.org/Pataky-1898/A/Oehmke,+Frau+Henny
146 Halbrock 2010, S. 42.
147 Oberhauser/Henneberg 1998, S. 124, 459, 462.
148 Wolff, Lutz-W., »Langner, Maria«, in: Neue Deutsche Biographie 13 (1982), S. 609f. [Online-Version]; https://www.deutsche-biographie.de/pnd106277901.html#ndbcontent
149 Märkische Allgemeine Zeitung vom 24./25. Mai 2004, Beitrag Georg Grüneberg: Lenzen.

Quellenverzeichnis

Aufbauarbeit im Bezirk Lichtenberg 1929 = Bezirksamt Lichtenberg (Hg.): Aufbauarbeit im Bezirk Lichtenberg, Berlin 1929.

August-Stramm-Lesebuch 2007 = August-Stramm-Lesebuch, zusammengestellt und mit einem Nachwort versehen von Wolfgang Delseit, Köln 2007. (Nylands Kleine Westfälische Bibliothek 15)

Badstübner 1987 = Badstübner, Ernst/Badstübner-Gröger, Sibylle: Kirchen in Berlin, evangelische Verlagsanstalt GmbH, Berlin 1987.

Badstübner/Loth 1994 = Badstübner, Rolf/Loth, Wilfried (Hg.): Wilhelm Pieck -Aufzeichnungen zur Deutschlandpolitik 1945–1953, Akademie-Verlag, Berlin 1994.

Bosetzky (-ky) 2013 = Bosetzky (-ky), Horst = Wie ein Tier: Der S-Bahn-Mörder, Jaron-Verlag (Taschenbuch), Berlin 2013.

Büsch/Haus 1987 = Büsch, Otto/Haus, Wolfgang: Berlin als Hauptstadt der Weimarer Republik 1919–1933, AG Berliner Demokratie/FU (Hg.), De Gruyter (Verlag), Berlin 1987. (Reihe: Veröffentlichung der Historischen Kommission Berlin 70/1)

BusB III 1966 = Berlin und seine Bauten, III (Bauwerke für Regierung und Verwaltung), Architekten-Verein zu Berlin (Hg.), betreut von R. Riedel, 1966.

Czymay 2014 = Czymay, Christina: Flugzeughallen aus dem Ersten Weltkrieg in Berlin-Karlshorst, Workshops am 31. Oktober und 1. November 2014 in der Schlosskapelle Dresden, Gesellschaft für Bautechnikgeschichte e.V.
https://bautechnikgeschichte.files.wordpress.com/2015/01/czymay_flu

Danz 2015 = Danz, Daniela: Herzpunkt der Anlage: Der Krankenhauskirchenbau der Weimarer Republik, Wallstein-Verlag 2015.

Die Wiedergeburt einer Königin 2010 = Die Wiedergeburt einer Königin. Geschichte und Restaurierung der Amalien-Orgel in Berlin. Festschrift zur Wiedereinweihe am 10. Dezember 2010, Sandstein Verlag, Dresden 2010.

Dokumente 1945–1949 = Um ein antifaschistisch-demokratisches Deutschland, Dokumente aus den Jahren 1945–1949, Ministerium für Auswärtige Angelegenheiten der DDR und Ministerium für Auswärtige Angelegenheiten der UdSSR (Hg.), Berlin (Ost) 1968.

Ebel/Randelzhofer 1988 = Ebel, Friedrich/Randelzhofer, Albrecht: Rechtsentwicklungen in Berlin. Acht Vorträge, gehalten anlässlich der 750-Jahrfeier Berlins, De Gruyter (Verlag), Berlin/New York 1988.

Erdmann 2004 = Erdmann, Rosemarie: Die Vertreibung aus der Kindheit in Berlin-Lichtenberg, Berlin 2004 (ungedruckt).

Escher 1985 = Escher, Felix: Berlin und sein Umland, Colloquium Verlag, Berlin 1985. (Einzelveröffentlichung der Historischen Kommission zu Berlin [West], Bd. 47)

Fest 2006 = Fest, Joachim: Ich nicht. Erinnerung an eine Kindheit und Jugend, Reinbek, Rowohlt 2006.

Festschrift St. Marienkirche 1986 = Festschrift zur 50-Jahr-Feier der St. Marienkirche Berlin-Karlshorst, St. Benno-Verlag GmbH, Leipzig 1986.

Glunz/Schneider 2013 = Glunz, Claudia/Schneider, Thomas F.: Musik bezieht Stellung: Funktionalisierungen der Musik im Ersten Weltkrieg, Autorengremium (Hg.), Universitätsverlag Osnabrück 2013.

Graf 2000 = Graf, Andreas: Hedwig Courths-Mahler (= *dtv*. Bd. 31035; Porträt). DTV, München 2000.

Großmann 1933 = Großmann, Paul: Geschichtliche Quellen über Friedrichsfelde-Karlshorst und nähere Umgebung, Sonderdruck, Selbstverlag, 1933.

Gütschow 1985 = Gütschow, Fred: Das Luftschiff. Geschichte – Technik – Zukunft, Motorbuch Verlag, Stuttgart 1985.
Halbrock 2010 = Halbrock, Christian: Mielkes Revier: Stadtraum und Alltag rund um die MfS-Zentrale in Berlin, Lukas Verlag 2010.
Hanssen 2011 = Hanssen Léon: Menno ter Braak (1902–1940). Leben und Werk eines Querdenkers, Waxmann 2011.
Karlshorst in Wort und Bild 1911 = Karlshorst in Wort und Bild, Haus- und Grundbesitzerverein Karlshorst (e.V.), Karlshorst 1911.
100 Jahre Karlshorst 1995 = 100 Jahre Karlshorst. Geschichte einer Villen- und Landhaussiedlung, Bezirksamt Lichtenberg, Heimatgeschichtliche Sammlung (Hg.), be.bra verlag, Berlin 1995.
110 Jahre Karlhorst 2005 = 110 Jahre Karlhorst – Streiflichter der Geschichte eines Berliner Ortsteils, Autorenteam, Kulturring in Berlin e.V. (Hg. und Verlag), Berlin 2005.
Klausmeier 2012 = Klausmeier, Axel: »Hinter der Mauer«, Ch. Links Verlag, Berlin 2012.
Klimow 1952 = Klimow, Gregory: Berliner Kreml, Rote Weissbücher, Köln 1952.
Koberstein/Stein 1995 = Koberstein, Thea/Stein Norbert: Juden in Lichtenberg, Kulturbund e.V. (Hg.), Edition Hentrich, Berlin 1995.
Kock 1996 = Kock, Erich: Er widerstand. Bernhard Lichtenberg Dompropst bei St. Hedwig Berlin, Morus Verlag, Berlin 1996.
Laschke 2009 = Laschke, Michael: die baumeister. Architekten der Rennbahn Karlshorst, Karlshorster Beiträge zur Geschichte und Kultur, Heft 3, Kulturring in Berlin e.V. (Hg. und Verlag), Berlin 2009.
Laschke 2016 = Laschke, Michael (Leitung Autorenteam): Einblicke. Berlin-Karlshorst – ein Spaziergang durch Ort und Zeit, Karlshorster Beiträge zur Geschichte und Kultur, Heft 12, Kulturring in Berlin e.V. (Hg. und Verlag), Berlin 2016.
Lazarus 1931 = Lazarus, Paul, Das St. Antonius-Krankenhaus Berlin-Karlshorst, errichtet von den Marienschwestern – Grundsätze der modernen Krankenhausbehandlung, Berlin 1931.
Lazarus 1935 = Lazarus, Paul: Diener der Menschheit. Ein Vermächtnis. Vortrag an seine Schüler und Schülerinnen, Herta Lazarus (Hg), Sonderdruck 1935.
Le Tissier 1998 = Le Tissier, Tony: Der Kampf um Berlin 1945. Von den Seelower Höhen zur Reichskanzlei, 2. Aufl., Bechtmünz-Verlag, Berlin 1998.
Leube 1975 = Leube, Achim: Die römische Kaiserzeit im Oder-Spree-Gebiet, Deutscher Verlag der Wissenschaften, Berlin [Ost] 1975. (Veröffentlichungen des Museums für Ur- und Frühgeschichte Potsdam, Bd. 9)
Maak 1917 = Maak, F.: Kurze Geschichte von Berlin-Friedrichsfelde und Karlshorst, Julius Klinkhardt Verlag, Leipzig 1917.
Matray 1994 = Matray, Maria: Die jüngste von vier Schwestern: Mein Tanz durch das Jahrhundert, Langen-Müller Verlag 1994.
Oberhauser/Henneberg 1998 = Oberhauser, Fred/Henneberg, Nicole: Literarischer Führer Berlin, Suhrkamp Taschenbuch Vlg., 1998.
Pfaender 1929 = Pfaender, Hermann: 100 Jahre Berliner Rennsport, Union Sport-Verlag, Berlin 1929.
Rückblick auf das Zeitgeschehen 1945 = Rückblick auf das Zeitgeschehen. Beitrag der Bezirksverwaltung Lichtenberg für die Stadtchronik, Ende April bis 31. Juli 1945, Berlin 1945, LAB, A Rep. 047–08.
Sandvoß 1998 = Sandvoß, Hans-Rainer: Widerstand 1933–1945. Widerstand in Friedrichshain und Lichtenberg, Berlin 1998. (Schriftenreihe der Gedenkstätte Deutscher Widerstand, Bd. 11)

SBZ 1964 = SBZ von 1945 bis 1954. Die Sowjetische Besatzungszone Deutschlands in den Jahren 1945–1954, Bundesministerium für gesamtdeutsche Fragen (Hg.), Bonn/Berlin 1964.
SBZ von A-Z 1966 = SBZ von A-Z. Ein Taschen- und Nachschlagebuch über die Sowjetische Besatzungszone Deutschlands, Bundesministerium für gesamtdeutsche Fragen (Hg.), 10. Aufl., Deutscher Bundes-Verlag, Bonn 1966.
Scheel (Hg.) 1985 = Scheel, Klaus (Hg.): Die Befreiung Berlins 1945. Eine Dokumentation. 2. Aufl., Deutscher Verlag der Wissenschaften, Berlin [Ost] 1985.
Scherstjanoi/Stappenbeck 1998 = Scherstjanoi, Elke/Stappenbeck, Christian: »Dibelius war in Karlshorst … wollte Mittelsmann sein zwischen SKK und Adenauer …«, in: Deutschland Archiv, 28. Jg. (1998), H. 10, S. 1031–1047.
Schiewe 2011 = Schiewe, Jürgen u.a.(Hg.): Kommunikation für Europa II: Sprache und Identität, Peter Lang Internationaler Verlag der Wissenschaften, Frankfurt am Main 2011.
Schirmer 1903 = Schirmer, Emil (Hg.): Adress-Buch für Karlshorst 1903.
Schmitt 1991 = Schmitt, Günter: Luftschiffe über Biesdorf. Aus der Frühzeit der Berliner Luftfahrt, Heimatmuseum Marzahn (Hg.), Berlin 1991.
Schneider 2015 = Schneider, Wolfgang: Standorte. Von der Luftschiffhalle zur Gartenstadt, Heft 10, Kulturring in Berlin e.V. (Hg. und Verlag), Berlin 2015.
Schroeder, Klaus 2013 = Schroeder, Klaus: Der SED-Staat. Geschichte und Strukturen der DDR, Bayrische Landeszentrale für politische Bildungsarbeit München (Hg.), 3. überarb. und stark erweitert. Neuaufl., München 2013.
Seeger 1981 = Seeger, Horst: Musiklexikon Personen A–Z, Deutscher Verlag für Musik, Leipzig 1981.
Slawin 1948 = Slawin, Lew: Die letzten Tage des Dritten Reiches, Berlin 1948.
Steer 2010 = Steer, Christine: Rummelsburg mit der Victoriastadt, be.bra verlag, Berlin 2010.
Stulz-Herrnstadt 1990 = Stulz-Herrnstadt, Nadja (Hg.): Das Herrnstadt-Dokument: das Politbüro der SED und die Geschichte des 17. Juni 1953. Rowohlt, Reinbek bei Hamburg 1990.
Wieteck 2003 = Wieteck, Helmut: Richter Kurt, in: Neue Deutsche Biographie (NDB), Bd. 21, Duncker & Humblot, Berlin 2003.
Wohlberedt (1932) = Wohlberedt, W(illi): Verzeichnis der Grabstätten bekannter und berühmter Persönlichkeiten in Groß-Berlin und Umgebung, Selbstverlag, Berlin (1932).

Personenregister

Ackerschewski, Franz 54
Altmann, Eva 76
Albrecht Friedrich, Markgraf von Brandenburg-Schwedt 9
Alvensleben, Rittmeister von 12
Anna Amalie von Preußen 52
Apitz, Bruno 59
Axen, Hermann 127

Bachmann, Jürgen 50
Baldamus, Senta 77
Balden, Theo 56
Baudinot, Jacques 44
Baumgarte, Hans 56
Baumgarte, Ruth 55f.
Beaurepaire, Julius 21, 89
Beer, Max 100, 144f.
Behrens, Peter 32, 34
Bellmer, Hans 52f.
Beloyannis, Nikos 76
Berger, Siegfried 75
Bergmann, Siegfried 100
Bernadetta, Maria (Anna Schmalz) 92, 95
Bersarin, Nikolaj 84, 86, 114
Birkner, Elfriede 143
Bloch, Joseph 140
Böcklin, Arnold 87
Borgelt, Peter 27, 90
Boris (Erzbischof) 29
Botha, Louis 58
Brasche 61
Brauer, Johanna und Willy 57
Brehm, Alfred 60
Brekow 61
Brenner, Klaus Theo 113
Buchholz, Wolfgang 92
Busse, Eduard 56

Chaplin, Charlie 76
Cohn, Alfred 26f.
Cohn, Gerda 26f.
Cohn, Rosette 26f.
Coppi, Hans und Hilde 75
Cornelius, Karl 66
Cosma, M. 95
Courths, Fritz 142
Courths-Mahler, Hedwig 141ff.
Cranach, Lucas 52

Dali, Salvador 53
Dathe, Curt Heinrich 90
David, Richard, Frau und zwei Söhne 101
De Gaulles 76
De Lattre de Tassigny 115
Demnig, Gunter 102
Denker, Willy 143
Dibelius, Otto 51, 122
Dietzius, Alexander 104
Dönhoff-Friedrichstein, August von 13, 17f.
Dönhoff-Krafftshagen, Otto 13
Dorls, Josef 45
Draeger, Otto 89
Duncker, Hermann 53, 62ff., 67

Ehrhardt, Paul 88
Elzer, Margarete 143
Erdmann, Gustav 90
Ernst, Johannes 87

Fechner, Herbert 35
Fehr, August 87
Felfe, Heinz 137
Fest, Joachim C. 14, 73, 143ff.
Fest, Johannes 14, 73f., 98, 143f.
Förster, Wieland 56
Franke, Erich 58
Friedeburg von 115
Fritsch, Willibald 82
Fühmann, Franz 77
Fürst, Alexander 139
Fürstenberg 14
Fürstenberg, Dorothea 13, 18
Fürstenberg, Karl Egon 13

Gehlen, Reinhard 137
George, Heinrich 114
Gleye, Rudolf 33f.
Goebbels, Joseph 97
Goetze, Ursula 60
Goldstein, Isaak 100
Golz, Werner 89
Graebke, Hermann 89, 149
Graetz, René 76
Gregorovius, Oskar 9, 14f., 17, 28, 61, 88
Grosse, Rudolf 58–60
Grotewohl, Otto 122f.
Günther 20

Haller, Martin 79
Harnack, Arvid 60
Hegenbarth, Edith 58
Hegenbarth, Johannes (Hannes Hegen) 58f., 91
Heinze 13, 16
Hennings, Friedrich 75
Hentig, Otto von 13, 17
Herrmannsdorfer 95
Herrnstadt, Rudolf 123
Himmler, Heinrich 46
Hindemith, Paul 138
Hirschfeldt, Kurt 30f.
Hochhuth, Rolf 47
Hofer, Johanna 65
Hofmann, Herbert 100
Hofmann, Siegmund 99f.
Hohenzollernprinzen 19
Hopp, Hanns 76
Hoppe 36
Horter, Meta 47, 61
Howard, Walter 62

Janisch, Karl 105

Jürgens, Rudolph 79
Jürgensen, Peter 50

Kaiser, Georg 141
Kaufhold, August 45
Keitel 115
Keller, Hans von 84
Kellner, Ruth 56
Kellner-Conrady, Margarethe 55
Kessler, Heinz 127
Kind, Christian 71
Klante, Max 28f., 83
Knobelsdorf(f), Wilhelmine von 88
Knorr, Georg 23, 89
Kollwitz, Käthe 15, 27, 140
Könnicke 36
Konzock, Willi-Peter 127
Kortner, Fritz 65
Krause, Max 13, 17
Krell, Otto 104
Kresse, Oskar 146
Kreyssig, Lothar 27
Krogh, Christoph von 106
Krüger, Ohm 58
Krüger, Otto 24
Krüger, Thomas 71
Krüger, Wilhelm und Emilie 88
Krummacher, Friedrich-Wilhelm 122
Kühn, Achim 15, 47
Kunsch, Hans-Joachim 103
Kuntze, Armin 90

Lammers, Egbert 45
Lange, Johannes 79, 81
Lange, Paul 88
Langner, Maria (Maria Pottlitzer) 148f.
Lazarus, Paul 93f.
Lehmann, Henriette 88
Lehndorff-Preil, Heinrich von 13
Lenin 132
Lewin, Samuel 100, 146f.
Lichtenberg, Bernhard 46f., 102
Liefers, Jan Josef 91
Liefers, Karlheinz 91
Lignau-Sachs, Helga 47
Lilienthal, Otto 104
Lipschitz, Joachim 24, 102
Lohmer, Clemens 44
Lonscher, Erhard 127
Lüdtke, Wilhelm 41
Luft, Christa 76

Mahlsdorf, Charlotte von (Lothar Berfelde) 10
Malik, Hans 84
Mamlok, Martin 30f.
Mandrella, Rudolf und Maria 54f.
Marchiori, Giovanni 45
Marx, Ernst 52
Matray, Ernst 140
Matray, Maria 65, 140
Matthes, Ulrich 73
Messow, Hans Gustav 30f.
Mielens 54
Migendt, Peter 52
Mode, Alfred 99ff.
Mode, Hermann 100
Möller, Heinrich 63
Möpert, Karl-Günter 54
Mühsam, Erich 146

Nachbar, Herbert 148
Naumann, Konrad 128
Neumann, Alexander 100
Noack-Ihlenfeld, Paul 29, 89
Nuschke, Otto 127

Oehmke, Georg 147
Oehmke, Henny 147
Olbrich, Gerhard 51
Ollenhauer, Erich 21f.
Ollenhauer, Hermann 22
Olm, Wulf 91
Orgorzow, Paul 39ff.

Pahl, Maria 93, 107
Pansow, Jürgen 56
Peschke, Paul 127
Petras 70
Philipp 87
Philips, Arnold 140
Pieck, Wilhelm 122f.
Pohl, Richard 54
Pollak, Felix Angelo 94
Prächtel, Alfred 30f.
Preysing, Konrad Graf von 44
Puschkin 123

Radetz, Walter 147f.
Rank, Gebrüder 107
Rausch, Richard 36
Richter, Kurt 42, 89
Riebe, Wilhelmine 88
Riesebrodt, Günter 65
Rißmann, Joachim 88
Röcke, Hermann 89
Rödel 20f.
Rosenberg, Walter 100
Rosenthal, Beate 26
Rosenthal, Edith (geb. Salzmann) 26
Rosenthal, Frieda 64
Rosenthal, Walther 26
Ross, Colin 145f.
Roßmäßler, Adolf 60
Rupli, Kurt 56

Salzmann, Simon und Jenny 26
Sandvoß, Hans-Rainer 98
Sange, Robert 93
Sartre, Jean-Paul 76
Schalck-Golodkowski 134
Schalkowski 125
Schenke 20
Schimmelpfennig, Oswald 54
Schirach, Baldur von 146
Schmenkel, Fritz 56, 117
Schmidt, Waldemar 126
Schmidt-Pauli 82
Schramm, Familie 18
Schulz 36

Schulze-Boysen, Harro 60
Schumann 40
Schwarzbach, Wilhelm 100
Seelenbinder, Werner 148
Seifert 61
Selbmann, Fritz 127
Semjonow, Wladimir 122f.
Shukow, Georgij 114f., 117, 119
Siemens 107
Siemens, Georg Wilhelm von 104
Siemens, Wilhelm 105
Siewert, Robert 59f., 75
Sokolowski 119
Spaatz 115
Stahb, Robert 22
Stalin 59f., 114f., 125
Steinmann, Paul 44
Steinwand, Rudi 127
Stern, Georg 25, 27, 65, 140
Stern, Lisbeth 25ff., 65, 140
Stimming, Franz 64
Stolze, Wilhelm 147
Straeter, Heinrich 14, 19
Stramm, August 138f.
Stramm, Else (Isolde Leyden) 139
Straumer, Heinrich 81
Stumpff 115
Suadicani, Waldemar 66

Tedder 115
Thorvaldsen, Bertel 87
Thurm, Fritz 65
Torgler, Ernst 24
Treskow 10, 102
Treskow, Johann Carl Sigismund von 9
Treskow, Sigismund von 10, 50, 78, 93, 107
Trumpf, Karl 53, 63
Tschuikow 119
Tucholsky, Kurt 29

Uhrig, Robert 59
Ulitzka, Carl 91f., 95
Ungewitter, Franz 53, 89

Voelkel, Martin 50f., 88, 102

Wach, Curt 127
Wagner, Joachim 52
Wagner, Richard 37
Waldow, Wilhelm von 9
Weil, Leopold 42
Weiland, Johannes 89
Wertheimer, Max 27, 100
Wilhelm II. 16f., 48, 69, 80
Wirth, Hans 51, 99
Wirth, Paul 99
Wirth, Thony 51, 99
Wolf, Christa 139
Wolf, Gerhard 139
Wolf, Heinrich 88
Wolf, Katrin 139

Ziergiebel, Herbert 90
Zoschke, Johannes 58ff.

Bildnachweis

Großmann 1933: S. 55
Karlshorst in Wort und Bild 1911: S. 10, 11, 17, 38, 40, 67, 69, 105
K. Reineck: S. 121
Post- und Ansichtskarten: S. 14, 20, 21, 23, 33, 34, 48, 50, 51, 53, 63, 65, 68, 70, 71, 73, 77, 80, 81, 85, 93, 125
Alle übrigen Abbildungen stammen von der Autorin. Umschlagfotos: Autorin und Ansichtskarte.

ÜBER DIE AUTORIN

Christine Steer, geb. 1947, studierte in Leipzig und Berlin, beruflich beheimatet in verschiedenen Kulturrichtungen, seit 1977 Gründerin und Leiterin des Museums Lichtenberg. Diverse Ausstellungen, publizistische Beiträge, Buchveröffentlichungen und Forschungen mit dem Schwerpunkt Stadtentwicklung, Zeitgeschichte, Kultur und zu den Themen Gedenken und Erinnerung, NS-Zwangsarbeit, Industriegeschichte sowie sowjetisches Garnisonstädtchen Karlshorst. Zuletzt erschien von ihr im be.bra wissenschaft verlag »Eingeliefert nach Rummelsburg«.